Jesper Juul (1948–2019) war einer der bedeutendsten und innovativsten Familientherapeuten Europas, Konfliktberater und Gründer von *familylab international*. Durch zahlreiche erfolgreiche Elternbücher, Seminare, Vorträge und Medienauftritte wurde er international bekannt. Seine respektvolle, gleichwürdige Art, mit Menschen umzugehen, beeindruckte Fachleute und Eltern immer wieder neu.

Jesper Juul in der Presse:

»Eine Lichtgestalt der modernen Pädagogik.«
DER SPIEGEL

»Jesper Juul ist einer der besten Erziehungs-Experten der Welt.«
Bild am Sonntag

»Seit dreißig Jahren beschäftigt sich Juul mit der Frage, wie eine Familie es miteinander aushalten kann. Und dabei womöglich auch noch glücklich wird.«
DIE ZEIT

»Jesper Juuls Bücher sind wahre Bestseller, dabei behandeln sie eines der schwierigsten Gebiete überhaupt: die Frage der richtigen Erziehung.«
Süddeutsche Zeitung

Außerdem von Jesper Juul lieferbar:

5 Grundsteine für die Familie. Wie Erziehung funktioniert
Aus Stiefeltern werden Bonus-Eltern. Chancen und Herausforderungen für Patchwork-Familien
Das Familienhaus. Wie Große und Kleine gut miteinander auskommen
Dein selbstbestimmtes Kind. Unterstützung für Eltern, deren Kinder früh nach Autonomie streben
Familienberatung. Worauf es ankommt, wie sie gelingt
Kinder sind Geschenke für die Welt. Ein Familienbegleiter für alle Wochen des Jahres
Nein aus Liebe. Klare Eltern – starke Kinder
Schulinfarkt. Was wir tun können, damit es Kindern, Eltern und Lehrern besser geht

Besuchen Sie uns auf www.penguin-verlag.de und Facebook.

Jesper Juul

Pubertät – Wenn Erziehen nicht mehr geht

Gelassen durch stürmische Zeiten

Herausgegeben von Mathias Voelchert

Aus dem Dänischen übersetzt von Knut Krüger: Seiten 24–84
Die Dialoge zwischen Jesper Juul und den Familien (Seiten 85–203) folgen der DVD *Pubertät ist eine Tatsache, keine Krankheit: Zehn Familien arbeiten mit Jesper Juul,* hrsg. 2009 von familylab Deutschland. Herausgeber und Verlag danken den Beteiligten für die Abdruckgenehmigung.
(Bezugsmöglichkeit siehe Seite 206)
Weitere Informationen zu Jesper Juul und familylab unter
www.familylab.de

Penguin Random House Verlagsgruppe FSC® N001967

5. Auflage

Covergestaltung: bürosüd nach einem Entwurf von Griesbeckdesign
Covermotiv: Mauritius Images
Druck und Bindung: GGP Media GmbH, Pößneck
Printed in Germany
ISBN 978-3-328-10558-9
www.penguin-verlag.de

Inhalt

Vorwort

Eltern tun immer ihr Bestes! Noch nie habe ich erlebt, dass Eltern ihren Kindern Schaden zufügen wollten. Immer waren diejenigen Handlungen von Eltern, die man vielleicht als unsinnig oder falsch beschreiben könnte, getrieben von Hilflosigkeit, Angst und Verunsicherung. Aber nie wollten Eltern, dass ihre Kinder Schaden nehmen. (Ich spreche hier von den 99,9 Prozent der Familien und nicht von den 0,1 Prozent, über die so spektakulär in den Medien berichtet wird.) Die Liebe, die Kinder und Eltern verbindet, ist viel tiefer, als uns klar ist. Diese Liebe richtet sich auf Wesentliches. Alltägliche Details wie das Einhalten oder Nichteinhalten von vereinbarten Regeln sind davon unberührt. Was wir Eltern tun und sagen, hat Gewicht. *Und* es führt oft nicht unmittelbar zu den gewünschten Ergebnissen. Aber es macht *immer* einen Eindruck auf unsere Kinder.

In seiner Arbeit mit Familien ist es dem dänischen Familientherapeuten Jesper Juul ein Anliegen, Eltern zu stärken, die nach neuen Wegen mit ihren Kindern suchen. Wie kann ich als Vater oder Mutter meine eigene Integrität erhalten, ohne die der Kinder zu verletzen? Auf einem solchen Weg werden sich die Eltern darüber klar, was sie wollen und welche Folgen das für die Beteiligten hat. Eine solche Klärung kann zum Beispiel im Gespräch gelingen und indem Eltern bemerken, dass sie nicht allein mit ihren Sorgen sind. Sie bemerken auch, dass es Fachleute oft selbst nicht besser können, aber so leicht besser wissen. Und dass die Kunst darin besteht, sich auf die Wachstumschance »Beziehung« zum Partner und zu den Kindern einzulassen – wobei es genügt, »ausreichend gut« zu sein, nicht »perfekt«.

In diesem Buch geht es um Pubertät und wie Eltern und ihre Kinder gemeinsam gut durch diese stürmische Zeit kommen können. Wir möchten Ihnen möglichst wenig Theorielastiges und möglichst viel Praxisnahes anbieten. Nach Jesper Juuls grundlegenden Hinweisen darüber, was für Eltern und Jugendliche in der Pubertät nützlich sein kann, lesen Sie deshalb mehrere Briefwechsel zwischen Jesper Juul und Eltern bzw. Jugendlichen, die ihm von ihren Nöten geschrieben haben. Häufige Sorgen, die rund um die Pubertät auftauchen (zum Beispiel Schulprobleme, Übernahme von Verantwortung für sich selbst und für die Gemeinschaft, Umgang mit Alkohol, Strafe und Konsequenzen, Kommunikation und Vertrauen), kommen hier zur Sprache. Mögliche Lösungen werden deutlich.

Wie der schrittweise Veränderungsprozess von Erziehung hin zu Beziehung, der für Eltern in der Pubertät ihrer Kinder ansteht, aussehen kann, wird noch genauer sichtbar im dritten Teil des Buches: Im März 2009 nahmen zehn Familien an einem familylab-Workshop teil. Sehr offen sprachen sie über ihre Situation und ihre Schwierigkeiten. Während der intensiven drei Tage skizzierte Jesper Juul zusammen mit Eltern und Jugendlichen die neue Rolle und die neuen Aufgaben der Eltern in dieser Phase. Denn für traditionelle Erziehung ist es zu spät, wenn Kinder in die Pubertät hineinwachsen. Eltern und Familie sind aber nach wie vor für die Teenager von großer Bedeutung, selbst wenn Jugendliche die meiste Zeit mit Gleichaltrigen verbringen. Dieses Buch will anhand konkreter Beispiele neue Perspektiven für ein gelingendes Zusammenleben vermitteln. Dabei möchte ich mich als Leiter von familylab Deutschland und als Herausgeber dieses Buches sehr herzlich für die Offenheit der beteiligten Familien bedanken!

In der Pubertät haben Eltern und Jugendliche die wunderbare Möglichkeit, ihre Beziehung so zu verändern, dass das, was bisher nicht möglich war, möglich wird. Dabei liegt die Führung bei den Eltern. Führung bedeutet in diesem Fall – wie immer, wenn es um Führung geht –, sich auf den anderen einzulassen, seine Sicht verstehen zu wollen, und nicht Befehl, Kontrolle und Gehorsam. Nicht erziehen oder manipulieren, sondern begleiten, zur Verfügung stehen. Das ist so schwer, weil es so neu ist – für uns alle.

Jesper Juul antwortet im Gespräch mit einer Mutter auf ihre Frage: »Wie soll ich mit meinem 19-jährigen Sohn umgehen?«, so: »Es geht um deine Grenzen. Womit kannst du leben und womit nicht? Eltern bleiben auch in der Pubertät wichtige Modelle, Vorbilder und Sparringspartner für ihre Kinder. Man sollte seine eigenen Werte, Gefühle und Grenzen nicht für seine Kinder opfern. Ich habe wenig Respekt für solche Ideen, die sagen: ›Jetzt musst du durchgreifen.‹ Es ist immer eine Art von Manipulation: Ich verhalte mich auf eine bestimmte Weise, weil ich eigentlich will, dass *du* anders wirst, und das funktioniert nie in Liebesbeziehungen.«

Die Anforderungen, die Eltern heute erleben, sind einzigartig in der Geschichte: Eltern sollen ihre Partnerschaft wie auch ihr Elternsein völlig neu erfinden. Wir sind Zeugen von viel mehr als einem Generationenwechsel. Bis vor einem halben Jahrhundert konnten wir die Beziehungsmodelle, die unsere Eltern vorgelebt haben, einfach wiederholen. Viele Paare und Eltern wollen das heute nicht mehr, was regelmäßig zu einer konstruktiven Verunsicherung führt.

Die Ehe ist keine Notwendigkeit mehr, sondern eine existenzielle und emotionale Wahl; wir sehen neue Formen des Zusammenlebens; die Geschlechterrollen befinden sich in der Auflösung; und mitten in diesem Ganzen sollen wir uns Kindern und Jugendlichen gegenüber verhalten, die sowohl in der Familie als auch in der Gesellschaft einen ganz neuen Status bekommen haben. Kein Wunder, dass wir Eltern immer wieder schwach werden und mit autoritären Befehlen, Strafen und Kontrolle versuchen, der Situation »Herr« zu werden. Das geht regelmäßig schief! Die Kinder und Jugendlichen spüren unsere Unsicherheit und unser schlechtes Gewissen, mit dem wir uns bemühen, eine Richtung vorzugeben. Jesper Juul gibt mit seiner Arbeit und seinen Erfahrungen Eltern die gute Nachricht, dass sie nicht perfekt sein müssen. Dass es nicht so sehr darum geht, mit welchen Manieren mein Kind isst, sondern ob es uns miteinander gut geht und ob es uns schmeckt!

Ich habe den allergrößten Respekt vor den vielen Eltern, die den Mut haben, sich zu diesen vielfältigen Unsicherheiten zu bekennen und sich damit in eine lebenslange Entwicklung mit ihren Kindern begeben. Für sie ist die Familienwerkstatt familylab mit ihren vielen Angeboten für Eltern, Partner, Familien, Schulen und Unternehmen gedacht. Wir Eltern bemerken heute, dass unser Wunsch nach Orientierung leicht in einer starken Anlehnung an enge, harte Wertesysteme endet. Die vermeintliche Sicherheit zu wissen, was »richtig« und »falsch« ist, schlägt schnell um in Abhängigkeit. Angetrieben von unserem Bedürfnis nach Zugehörigkeit wie auch dem Bedürfnis nach Autonomie müssen wir unsere eigenen Erfahrungen machen. Das kostet Zeit und bringt immer wieder die Unsicherheit mit, auf dem falschen Weg unterwegs zu sein. Das ist der Preis, den wir in den nächsten Jahrzehnten bezahlen, um neue Beziehungsstrukturen zu leben. Sicherlich gibt es dabei keine »five easy steps« zu guten Beziehungen. Nicht alles Alte ist schlecht, und nicht alles Neue ist gut, und es empfiehlt sich, die Augen offen zu halten, aber nicht so weit, dass das Hirn herausfällt.

Ich wünsche Ihnen und Ihrer Familie den größtmöglichen Gewinn aus diesem Buch.*

Mathias Voelchert

Gründer von *familylab.de* in Deutschland und dessen Leiter 2006–2022

* *Vielfältige Unterstützung finden Sie auf der Internetseite www.familylab.de und in unseren Vortrags- und Kursangeboten.*

EINS

Von Erziehung zu Beziehung

Der schrittweise Veränderungsprozess für Eltern in der Pubertät

Man spricht von mir gerne als Erziehungsexperten. Das, möchte ich betonen, ist absolut nicht zutreffend. Meiner Meinung nach gibt es gar keine Erziehungsexperten. Es mag vielleicht Experten geben in körperlicher oder sprachlicher Entwicklung, in Gehirnforschung etc. – aber nicht in Erziehung. In der Erziehung gibt es nicht *den* einen Weg, der richtig wäre. Ich weiß nicht, wie man es richtig macht. In Dänemark oder in Deutschland glauben Eltern zum Beispiel, es sollte eine feste Bettzeit für Kinder geben. Doch wenn Sie einmal südlich der Alpen waren, wissen Sie, dass man das in Italien oder in Spanien ganz anders sieht. Worüber ich etwas weiß, ist, was man tun kann, wenn man nicht zufrieden ist, wenn man wütend oder traurig oder genervt ist. Darüber weiß ich sehr vieles.

Als Eltern möchten wir unsere Wertvorstellungen, unsere Meinungen und Ansichten gerne an unsere Kinder weitergeben. Und unsere Kinder machen mit, sie kooperieren. Bis zum Einsetzen der Pubertät: Dann hört es langsam – oder auch ganz plötzlich – auf.

Wenn die Kinder etwa zwölf Jahre alt geworden sind, ist es für Erziehung zu spät. Das sagen die Kinder uns auch, aber wir hören es meist nicht. Am Anfang drücken sie es sehr diplomatisch aus, doch wenn wir es nicht verstehen, müssen sie lauter werden, manchmal viel lauter. Oder sie sprechen mit ihrem Körper.

Das sogenannte Problem oder Symptom ist dabei nicht so wichtig. Wichtig ist die Person, die das Symptom trägt. Wir können das Problem nicht lösen, wir können jedoch Menschen darin unterstützen, destruktive Systeme, Perspektiven und Verhalten ins Konstruktive zu wandeln.

Pubertät ist eine Tatsache, keine Krankheit

Es gibt wirklich sehr wenige Probleme in unserem Leben. Es gibt jedoch eine ganze Menge an Tatsachen, auf die wir uns in einer mehr oder weniger problematischen Weise beziehen können. Pubertät ist eine dieser Tatsachen.

Was ist Familie? Familie ist Beziehung. Was all die vielen verschiedenen Familien – Großfamilien, Kleinfamilien, Patchworkfamilien, alleinerziehende Mütter und Väter, Stieffamilien – verbindet, ist die Beziehung zwischen ihren Mitgliedern. Das, was zwischen den Menschen geschieht, ist das Wichtigste. Wenn wir darüber reden, was richtig und was falsch ist, was man tun oder nicht tun soll, wenn wir also über Fragen von Moral sprechen, dann reden wir über den *Inhalt*. Was ist unser Konflikt, worin besteht das Problem, welche Regeln sollen wir aufstellen, was ist die Lösung? Und diese Fragen, die den Inhalt betreffen, sind auch wichtig. Wichtiger noch als der Inhalt ist jedoch der *Prozess*.

Die wichtigste Frage ist nicht die nach dem Was, sondern die nach dem Wie.

Ein Beispiel dazu: Eine Mutter einer dreijährigen Tochter schrieb mir, sie wisse nicht mehr weiter. »Jeden Morgen müssen wir pünktlich aus dem Haus, meine Tochter in den Kindergarten, ich in die Arbeit. Es wurde immer schwieriger. Vor einiger Zeit habe ich mit folgendem Trick angefangen. Ich habe eine Tüte Gummibärchen ins Auto gelegt und meiner Tochter gesagt: Wenn du jetzt mitkommst, dann gibt es Gummibärchen. Das hat die ersten drei Tage funktioniert. Jetzt steht meine Tochter in der Tür und sagt: Ich mag keine Gummibärchen, ich will was anderes. Was Tolleres.«

Es fällt leicht, sich vorzustellen, wie das die nächsten 14 Jahre weitergeht. Nun kann man sich fragen: Sind Gummibärchen für Kinder gefährlich? Nein, natürlich nicht. Ist es gefährlich, sein Kind mit Drohungen oder Versprechungen zu manipulieren? Ja, das ist schon eher gefährlich. Die Frage ist: Warum mache ich das? Weil ich sonst keine andere Lösung weiß. Es ist wichtig, sich selbst die Frage nach dem Warum zu stellen. Warum handle ich so?

Entscheidend ist also weniger der Inhalt (»Sind Gummibärchen gut oder schlecht?«), sondern vielmehr der Prozess. Nicht: *Worüber* reden oder streiten wir? Sondern: *Wie* kommunizieren wir? Wie ist unsere Beziehung?

Welche Verantwortung können Kinder und Jugendliche übernehmen?

Den Begriff »pubertierende Jugendliche« schätze ich nicht besonders. Warum werden Jugendliche über ihre Hormone identifiziert? Beinahe jeden Tag treffe ich mit Erziehungsfachleuten in Ausbildungen oder Fortbildungen zusammen, und ich höre, wie sie in den Pausen über ihre eigenen Kinder sprechen. Sie fragen: »Wie alt ist dein Sohn?«, und wenn der andere sagt: »14«, dann heißt es: »Oh, dann ist es gerade sicher schwer.« Oder wenn das Gegenüber sagt: »Elf«, dann heißt es: »Oje, dann geht es bald los.« So als ob die Jugendlichen das Problem oder die Ursache der Probleme wären. Dabei machen die Jugendlichen nur, was sie machen müssen: wachsen.

Wenn ich mit Familien arbeite, reden wir daher nicht über Ursachen. Wir reden nicht über Schuld. Wir sprechen lieber über die *Prozesse*, die in der Familie ablaufen und wie man sie verbessern kann. In jeder Familie, in jeder Beziehung gibt es Elemente, die destruktiv, und solche, die konstruktiv sind. Die gilt es zu identifizieren und gemeinsam nach Wegen zu suchen, die destruktiven Prozesse zu verändern.

Vor einigen Jahren führte ich in Dänemark eine große Umfrage mit 1000 werdenden Eltern durch. Ich bat sie, ein paar Jahre in die Zukunft zu blicken und sich zu fragen, was sie gerne mit ihrer Erziehung erreicht haben würden, wenn ihr Kind 14 oder 15 Jahre alt wäre. Was ist ihnen wichtig?

Bei den Antworten lag Verantwortlichkeit immer an Platz eins oder zwei einer Liste von zehn Möglichkeiten. Anschließend bat ich einzelne Teilnehmer, mir ein Beispiel dafür zu geben: »Was genau verstehen Sie unter Verantwortlichkeit?« Wenn eine Person dann antwortete, geschah es oft, dass ihr Partner eine ganz andere Vorstellung davon hatte, was Verantwortlichkeit überhaupt bedeutet. Also ist die Frage: Wie verstehen wir Verantwortung?

Wenn ich die Welt, in der ich vor 45 Jahren 15 war, vergleiche mit der Welt von heutigen 15-Jährigen, scheint das manchmal ein ganz anderer Planet zu sein. Die Herausforderungen und Anforderungen sind ganz andere. Die Anforderung, die Erwachsene damals an meine Generation stellten, war eigentlich nur eine: gehorsam zu sein. Es gab zwei Dinge, die als besonders gefährlich galten: Sex und Alkohol. Unsere Lebenswirklichkeit hat sich seither sehr verändert. Blinder Gehorsam ist heute nicht mehr angebracht. Tagtäglich müssen wir viele persönliche Entscheidungen treffen. In meiner Erziehung zu Hause oder in der Schule wurde ich jedoch darauf nicht vorbereitet.

Was heißt es, für sich selbst verantwortlich zu sein? Ich muss Verantwortung übernehmen dafür, was ich sage und was ich tue. Kinder sind schon sehr früh in der Lage, für sich selbst verantwortlich zu sein. Von ihren (biologischen) Voraussetzungen wäre das möglich. Kinder können beispielsweise ab etwa fünf Jahren für ihren eigenen Schlaf verantwortlich sein: dass sie ins Bett gehen und dass sie aufstehen. Das liegt jedoch nicht in unserer Tradition, in unserer Art und Weise, mit diesen Dingen umzugehen. Wir sind es eher gewohnt, dass wir Fünfjährige morgens fünfmal aufwecken und 15-Jährige 15-mal. Wir glauben, das sei notwendig.

Traditionell übernehmen Erwachsene für vieles die Verantwortung. »Mama und Papa wissen, was du brauchst und was für dich gut ist«: wann das Kind ins Bett gehen soll (»Du musst aber müde sein, es ist schon halb zehn«), wann und was es essen soll (»Nein, du kannst jetzt keinen Hunger haben, du hast erst vor einer Stunde etwas gegessen«), ob es Durst hat oder nicht. Jedoch haben Kinder in den letzten Jahrzehnten in bestimmten Aspekten mehr Einfluss erlangt als Kinder vorheriger Generationen: Was sie anziehen wollen oder womit sie spielen möchten, dürfen viele heute selbst entscheiden. Als Kind kann man heute eine eigene Meinung haben – und wenn man Glück hat, hören die Eltern sogar zu. Heutzutage wird in Familien über vieles diskutiert, worüber es zu meiner Jugend einfach keine Diskussion gab. Damals hieß es: »Das geht nicht, das erlauben wir nicht, und damit basta.« Hier wird heute mehr verhandelt, und das ist sehr wichtig.

Wofür können Kinder und Jugendliche selbst verantwortlich sein und wofür nicht? Für uns als Eltern ist es schwierig, uns diese Frage immer wieder zu beantworten und dabei zu erkennen, warum wir die Frage so beantworten, wie wir es tun. Wenn ich mir beispielsweise überlege, ob mein 13-jähriger Sohn für die Wahl seiner Freunde selbst verantwortlich sein kann, worum geht es mir dann? Geht es wirklich nur um das Wohl des Kindes? Oder geht es um mich? Um mein Selbstbild? Um mein Image in der Familie, in der Nachbarschaft, in der Schule?

Es gibt keine einfache, klare Antwort darauf, wofür Kinder selbst verantwortlich sein können und wofür nicht, keine Rezepte oder Regeln, die immer richtig wären. Klar ist jedoch: Wer heute als 13- oder 14-Jähriger oder als 25-Jähriger oder als

40-Jähriger in dieser Welt lebt, muss in der Lage sein, für sich selbst Verantwortung zu tragen. Denn es gibt nur zwei Möglichkeiten: Ich bin entweder für mich selbst verantwortlich, oder ich bin Opfer – jemand anderer ist schuld.

Konsequenzen und Eigenverantwortlichkeit

Seit etwa 200 Jahren beklagen sich Eltern darüber, dass junge Leute mit 14, 15 nicht über Konsequenzen nachdenken wollen. Der Junge will ohne Helm Motorrad fahren, die Mutter sagt: »Dann kannst du bei einem Unfall sterben!« Der Junge sagt: »Da passiert schon nichts.« Eltern denken in einem solchen Fall oft: Ah, er rebelliert. Doch lässt der aktuelle Stand der Gehirnforschung vermuten, dass diese Reaktion nichts mit Rebellion zu tun hat. Vielmehr ist in diesem Alter der Teil des Gehirns, der für Konsequenzen zuständig wäre, außer Gefecht gesetzt. Jugendliche können gar nicht darüber nachdenken. Neurobiologen sprechen davon, dass etwa 85 Prozent der Jugendlichen dazu nicht in der Lage sind. Die Verbindungen im Gehirn, die dazu nötig wären, funktionieren in dieser Zeit nicht. Das ist eine biologische Tatsache, die man daher nicht persönlich nehmen sollte. Der alte Witz, Jugendliche sollten mit einem Schild »Wegen Umbau geschlossen« herumlaufen, ist gar nicht so falsch. Allerdings *wollen* sie uns auch nicht zuhören, wenn wir sie darüber aufklären möchten. Das bedeutet also, dass wir als Eltern in dieser Zeit eine ganze Menge Angst und Sorgen ertragen müssen. Doch das ist nichts Persönliches, nichts, das gegen uns gerichtet wäre.

Wichtig ist es beim Thema Verantwortlichkeit, zwei Ebenen auseinanderzuhalten. Es gibt Verantwortlichkeit meiner Familie gegenüber: Was soll mein Beitrag der Gemeinschaft gegenüber sein? Und dann gibt es die Verantwortung mir selbst gegenüber.

Diese beiden Ebenen werden sehr häufig vermischt. Oft nehmen die Eltern die persönliche Verantwortung, die die Kinder für sich selbst haben sollten, an sich. Als Gegenleistung wünschen sie sich dann, dass die Kinder mehr Verantwortung für die Gemeinschaft übernehmen. Solche Geschäfte gehen oft schief, dazu sind die »Währungen« zu unterschiedlich.

Zur Klärung sind die folgenden Gedanken eines Vaters sehr nützlich: »Verantwortung übernehmen heißt ja, sich über die Konsequenzen, über die Folgen seines Tuns, klar zu sein und diese Folgen auch auf sich zu nehmen. Gleichzeitig sagen Sie, es ist eine neurobiologische Tatsache, dass Jugendliche in dem Alter aus biologischen Gründen gar nicht in der Lage sind, die volle Tragweite ihres Tuns zu erkennen und auf sich zu nehmen. Also sind doch wir als Eltern genau gefordert, die möglichen Konsequenzen abzusehen und zu intervenieren. Das ist doch exakt der Konflikt, in dem wir alle stecken, die Sackgasse aufgrund der unterschiedlichen Perspektiven. Für den Jugendlichen ist es ja gar nicht einsehbar, wenn die Eltern die Konsequenzen ausmalen, weil er sie gar nicht sieht. Wir reden permanent aneinander vorbei.«

Natürlich ist es eine schöne Vorstellung, die Jugendlichen würden eines Tages zu den Eltern kommen und sagen: »Hör mal, ich habe gemerkt, dass ein Teil meines Gehirns nicht mehr funktioniert. Kannst bitte du die nächsten Jahren die Entscheidungen für mich treffen, und wenn ich soweit bin, dann komme ich wieder und hole mir meine Entscheidungskompetenz wieder zurück.« Doch das wird nicht passieren.

Ich benütze gerne den Begriff Sparringspartner. Ein Sparringspartner bietet maximalen Widerstand und richtet minimalen Schaden an. Es ist für Jugendliche sehr wichtig zu wissen: Was denkt mein Vater? Was denkt meine Mutter? 99 Prozent der Jugendlichen nehmen die Meinung ihrer Eltern sehr ernst, wenn sich die Eltern die ersten Jahre in der Familie auch nur ein bisschen qualifiziert haben. Jedoch gibt es kaum Jugendliche, die ihren Eltern gegenüber offen zugeben, was sie denken. Wenn also der Vater sagt: »Mit dem, was du da tun willst, bin ich absolut nicht einverstanden. Das will ich auf keinen Fall!«, dann wird der Jugendliche nicht dastehen und sagen: »Hm, wenn ich so darüber nachdenke, hast du eigentlich Recht, Papa, danke.« Sie müssen ihr Gesicht wahren. Das heißt jedoch nicht, dass die Worte der Eltern keinen Einfluss haben. Entscheidend ist allerdings die Frage, wie die Beziehung zu meinem Sohn, zu meiner Tochter die ersten 13 Jahre war, denn auf diesem Fundament baut alles auf. Es ist wie im richtigen Leben – es gibt keine perfekte Lösung. Man kann es nicht lösen, man kann es nur leben – mehr oder weniger gut. In den später noch folgenden Briefen und Gesprächen werden wir sehen, wie man seinen Umgang damit vielleicht so verändern kann, dass es für die Erwachsenen besser ist. Und wenn es für die Erwachsenen besser ist, ist es automatisch auch für die Jugendlichen besser.

Selbstverantwortung der Eltern und der fehlende gesellschaftliche Konsens

Es gibt heute kaum gesellschaftlichen Konsens mehr. Was richtig oder falsch ist, darüber gehen die Meinungen unserer Nachbarn oder der Eltern der Klassenkameraden weit auseinander. Wir müssen auch als Eltern verantwortlich sein: für unsere Wertvorstellungen, für unsere Wünsche, für unsere Ansichten. Dieser Prozess, dabei sinnvolle Antworten zu finden, ist anstrengend und mühsam – und zwar für alle, nicht nur für die Eltern. Oft ist es schwierig für uns, nicht nur uns selbst zu vertrauen, sondern auch unseren Kindern.

In dieser Beziehung zwischen Eltern und Jugendlichen sind mittlerweile neue Ambitionen entstanden. Wir wollen gerne eine andere Beziehung zu unseren älter werdenden Kindern pflegen, als die meisten von uns zu unseren eigenen Eltern hatten oder haben. Viele Eltern möchten gerne irgendeine Art von erwachsener Freundschaft aufbauen. Was brauchen wir dazu? Auch hier müssen wir mit den Kindern lernen, verantwortlich zu sein. Ich kann natürlich auch weiterhin Mutti oder Vati spielen, eine bestimmte Rolle einnehmen. Doch dann gibt es keinen Kontakt. Wenn ich Glück habe, bekomme ich schnell Enkelkinder und kann dann diese Rolle weiterhin schauspielern. Doch normalerweise wünschen wir uns keine Enkelkinder, wenn unsere Kinder gerade einmal 17 oder 19 sind.

Wie können wir es also richtig machen? Gar nicht. Richtig gibt es nicht. Wir können uns aber entscheiden: Was wollen wir? Und dann können wir versuchen, in diese Richtung zu gehen. Wir können uns auch fragen: Will ich meine Kinder lieben, oder will ich bei meinen Kindern beliebt sein? Beides gleichzeitig ist oft nicht möglich.

Genießen Sie Ihre Kinder!

Erziehung, die lediglich aus unserer Rollenvorstellung heraus entsteht, hat keinen Zweck. Filmt man Eltern bei der alltäglichen Kommunikation zu Hause und schaut die Aufnahmen hinterher zusammen an, sind die Eltern oft entsetzt. »Rede ich wirklich so?!?« Sie entdecken, dass sie erschreckend ähnlich mit ihren Kindern kommunizieren, wie es ihre Eltern mit ihnen gemacht haben. Doch diese Art der Sprache zu verändern scheint für viele Erwachsene sehr schwierig zu sein und auch zu mühsam.

Wenn wir mit unseren Kindern sprechen und dabei unsere »Elternuniform« anziehen oder unsere »Mutterstimme« auspacken, werden unsere Worte in ein Ohr hineingehen und aus dem anderen heraus. Diese Art von Erziehung fruchtet also offenbar wenig. Das wissen die meisten Eltern und sind sehr unglücklich darüber. Doch ist ihnen nicht unbedingt klar, was stattdessen erzieht. Das, worauf es ankommt, geschieht häufig gleichsam zwischen den Zeilen. Es ist die Stimmung, wie wir als Eltern miteinander umgehen, wie wir mit anderen Menschen in unserer Umgebung umgehen, der Prozess, wie wir als Familie miteinander sind: All das erzieht.

Wenn Kinder in die Pubertät kommen, haben wir die Möglichkeit zu sehen, was wir zusammen geschaffen haben. Wir sind gemeinsam an diesem Punkt angekommen, wir Eltern saßen im Fahrersitz, die Kinder haben kooperiert – sind wir zufrieden mit dem, was daraus entstanden ist? Die meisten Eltern sind zu diesem Zeitpunkt leider nicht zufrieden, und sie beginnen mit einer Art Turboerziehung, um es in den letzten Minuten richtig zu machen. Das ist nicht nur furchtbar, das ist auch unverschämt. Und es funktioniert nicht. Eltern fragen dann: Was sollen wir denn stattdessen tun? Wir können doch nicht dasitzen und nichts tun, wenn wir sehen, dass unsere Kinder etwas machen, womit wir nicht einverstanden sind.

Ein Vorschlag: Setzen Sie sich heute Abend hin, vielleicht für eine halbe Stunde oder eine Stunde, schauen Sie Ihre Kinder an und genießen Sie sie. »Das ist mein 13-jähriger Sohn oder meine 15-jährige Tochter … All die Jahre haben wir gemeinsam verbracht, jetzt ist er, ist sie so alt geworden – und wir haben das ganz schön gut gemacht.«

Eltern entgegnen dann oft: »Ja, aber so gut ist das Ergebnis auch wieder nicht. Wenn Sie meinen Sohn sehen würden …« Nun, darauf kann ich nur antworten, wenn Sie Perfektion suchen, dann stellen Sie sich doch ein paar Minuten vor den Spiegel und schauen sich selbst an. Das sollte eigentlich genug sein, um sich von der Wunschvorstellung »Perfektion« zu verabschieden. Ich halte das für eine ganz wichtige Grundübung: Schauen

Sie Ihr Kind an und bemerken Sie, worauf Ihr Fokus liegt. Achten Sie auf das, was wunderbar ist, oder fällt Ihnen vor allem das auf, was noch fehlt, was nicht in Ordnung ist?

Zu dem Zeitpunkt, wenn die Kinder etwa 15 sind, haben die meisten Ehepaare die Phase bereits überstanden, in der man seinen Wunschvorstellungen darüber nachhängt, wie der Partner sein sollte und wie man ihn vielleicht verändern könnte. Häufig durchlaufen wir nach der ersten Zeit der rosaroten Brille eine Phase, in der man hofft, man könne den Partner irgendwo zur Reparatur hinschicken und bekäme ihn perfekt wieder – so, wie man ihn haben will. Wir alle merken irgendwann, dass das nicht geht. Mit Kindern ist es nicht anders. Was unsere Kinder in der Pubertät von uns brauchen, ab zwölf, 13, 14 Jahren, ist eigentlich nur das: zu wissen, auf dieser Welt gibt es einen oder zwei Menschen, die wirklich glauben, dass ich ok bin. Das brauchen sie. Viele von uns haben keinen solchen Menschen in unserem Leben. Mit einem kann man gut überleben, mit zwei kann man wunderbar leben. Doch das ist nicht unsere Tradition als Eltern. Wir verhalten uns eher wie Lehrer, sitzen mit einem Rotstift da und schauen, was noch nicht richtig ist.

Das ist weder für die Kinder hilfreich noch für die Eltern.

Kommunikationsprobleme: Sprechen Sie aus dem Herzen und benutzen Sie Ihren Verstand

In vielen, vielleicht den meisten Familien mit Jugendlichen, die ich im Lauf der Jahre kennengelernt habe, klagten beide Seiten über »Kommunikationsprobleme«, womit sie meinen, dass ihnen kein Gespräch gelingt, bei dem sich alle gesehen, gehört und verstanden fühlen. Dies gilt für Kinder und Eltern gleichermaßen und ist auch die häufigste Klage von Paaren, die eine Beratung oder Therapie in Anspruch nehmen.

Dafür gibt es eine Reihe von historischen Ursachen, die ich in diesem Zusammenhang nicht überstrapazieren möchte, doch will ich auf Folgendes hinweisen:

- **Verbale Kommunikation zwischen Eltern und Kindern besteht traditionell darin, dass Eltern Fragen stellen bzw. ihre Kinder »interviewen«, die sich ihrerseits bis zu einem gewissen Alter um sinnvolle Antworten bemühen.**
- **Wenn Eltern mit ihren Kindern ein »ernstes Wort« reden wollen, hat dies oft einen erklärenden oder belehrenden Monolog zur Folge.**
- **Die demokratische Entwicklung in Familie und Gesellschaft hat unser Diskussions- und Verhandlungsgeschick gestärkt. Beides ist wichtig, dient aber dem Gewinnen und nicht der Verbesserung zwischenmenschlicher Beziehungen.**
- **Eltern, Pädagogen und Lehrer vernachlässigen meist die persönliche Sprache des Kindes und bemühen sich um eine »wohlgesetzte« Rede. Was den Lerneffekt betrifft, ist dies zumindest überflüssig; ganz und gar schädlich ist dieses Verhal-**

ten hingegen für die mentale Entwicklung der Kinder sowie ihre Fähigkeit, persönliche, enge Bindungen einzugehen.

Persönliche im Gegensatz zur »wohlgesetzten« Sprache

Die höfliche, wohlgesetzte Sprache kommt in sozialen Beziehungen zum Tragen. Eine persönliche Sprache können Kinder jedoch nur entwickeln und bewahren, wenn die Erwachsenen in ihrer Umgebung sich ebenfalls persönlich äußern und die Kinder nachdrücklich dazu ermuntern, dasselbe zu tun.

Das kleine Einmaleins der persönlichen Sprache lautet:

- **Ich will – ich will nicht**
- **Ich mag – ich mag nicht**
- **Ich will haben – ich will nicht haben**

Eine meiner Tanten heiratete in vornehme Kreise ein, und so wurde ich früh darüber belehrt, dass man nicht sagt: »Ich mag keine Zwiebeln«, sondern: »Leider vertrage ich keine Zwiebeln«. Meine Sicherheit, mich auf dem gesellschaftlichen Parkett zu bewegen, mag dadurch zugenommen haben, doch leider wurde im selben Atemzug meine persönliche Sprache diskreditiert.

Die persönliche Sprache bringt die Gefühle und Gedanken eines Menschen im Verhältnis zu einem anderen Menschen zum Ausdruck – bezogen auf einen ganz bestimmten Augenblick. Sie besitzt persönliche Substanz und »Körper« und ist somit wärmer als das, was ausschließlich vom Kopf ausgeht. Sie erleichtert den Sprecher und beeindruckt den Hörer. Das ist die *authentische* Qualität der persönlichen Aussage. Ihr intelligenter Teil handelt vom Willen, dem eine Form zu geben und zugleich Rücksicht auf sein Gegenüber zu nehmen, vor allem, wenn man diesen Menschen liebt und/oder Macht über ihn hat. Die persönliche Aussage handelt stets von dem, der spricht, und ist deshalb niemals kritisch oder belehrend.

Sehr oft, vor allem in den ersten Jahren einer Liebesbeziehung oder Freundschaft, müssen wir lange suchen und experimentieren, ehe wir einen persönlichen Ausdruck gefunden haben, denn dieser entwickelt sich weitgehend in einem gegenseitigen, vertrauensvollen Prozess. Doch auch die weniger geglückten Experimente sind für die Beziehung wertvoller als die Phrasen, die wir absondern, weil wir glauben, sie gehörten zu unserer Rolle.

Ich habe nichts dagegen, wenn Eltern Wert darauf legen, dass ihre Kinder *auch* eine soziale Sprache erlernen. Sie zu beherrschen, ist ungeheuer nützlich. Doch gefällt es mir ganz und gar nicht, wenn Eltern sich selbst sowie ihre Kinder der Möglichkeit berauben, eine persönliche Sprache zu entwickeln und zu benutzen. Das hindert beide Seiten daran, enge Beziehungen zu Freunden, Partnern, Kindern und Eltern aufzubauen, in denen man sich im umfassenden Sinne gesehen, gehört und ernst genommen fühlt.

Das Gegenteil der »schönen«, wohlgesetzten Rede ist die rohe, ungeschliffene Sprache, und es ist allzu verständlich, dass es den meisten Eltern widerstrebt, wenn ihre Kinder sie benutzen. Die Alternative besteht im persönlichen Ausdruck. Viele Eltern sind verzweifelt über die rohe Ausdrucksweise ihrer Kinder, zumal sie selbst sich doch so »gewählt« ausdrücken. Doch wenn diese Ausdrucksweisen aufeinanderprallen, sind es stets die Eltern, die den Anfang machen, auch wenn sie sich darüber nicht im Klaren sind. Dies geschieht, wenn sie ihren Kindern etwas sehr Persönliches sagen wollen, jedoch versuchen, sich »gewählt« oder vernünftig oder »politisch korrekt« auszudrücken. Wenn das geschieht, wird der Raum zwischen den Zeilen mit zurückgehaltener Kritik, Vorwürfen und Belehrungen gefüllt – was sich in den Ohren der Kinder und Jugendlichen roh und ungeschliffen anhört.

Das Problem mit der schönen, wohlgesetzten Rede ist die Tatsache, dass sie vollkommen ungeeignet ist, persönliche und interpersonale Konflikte zu lösen. Versucht man es dennoch, entfährt vielen Eltern der berühmte Stoßseufzer: »Wir haben hundert Mal darüber gesprochen, aber es nützt einfach nichts!« Dieselben Konflikte, die Eltern miteinander austragen, wiederholen sich im Verhältnis zu ihren Kindern. Demzufolge stehen »Konfliktgespräche« oft nicht sehr hoch im Kurs und das zu Recht. Wenn man miteinander redet, ohne etwas zu sagen, vergeudet man nur seine Zeit. (Sofern es nicht um soziale Konversation geht, deren Sinn ja gerade darin besteht, Distanz zu wahren und seine guten Manieren unter Beweis zu stellen.)

Dialog statt Konfliktgespräch: Ein Beispiel

Als Alternativen zu unfruchtbaren Konfliktgesprächen dienen also der persönliche und der sachliche Dialog. Das Schlüsselwort ist *Dialog* – eine Gesprächsform, die sich grundlegend von Diskussion, Verhandlung, Debatte und natürlich dem Monolog unterscheidet. (Zwei am selben Ort und zur selben Zeit stattfindende Monologe sind *kein* Dialog.)

Ein Dialog setzt Offenheit, Interesse und Engagement von beiden Seiten voraus. Entweder im Verhältnis zur Sache oder zueinander oder zu beidem. Man kann seine Erwägungen, Ansichten und Erfahrungen ins Feld führen, sollte jedoch darauf eingestellt sein, durch den Dialog neue Einsichten zu gewinnen. Man muss sich, mit anderen Worten, dem Risiko aussetzen, klüger zu werden.

Ein Beispiel: Mohammed ist 13 Jahre alt und scheint jegliches Interesse an der Schule verloren zu haben. Trotz mehrerer

Gespräche mit seinen Lehrern ist den Eltern immer noch unklar, woran es liegt und wie es ihm geht. Darum haben sie sich entschieden, mit ihrem Sohn ein klärendes Gespräch zu führen.

VATER: Mir ist aufgefallen, dass du seit einiger Zeit nicht mehr so gerne zur Schule gehst wie früher, und ich möchte gern wissen, woran das liegt – falls du das selber weißt.
MOHAMMED: Ich weiß nicht... ich hab einfach keine Lust. Die Lehrer gehen mir auf die Nerven.
VATER: Womit denn?
MOHAMMED: Ich weiß nicht... die sind so blöd, so... gleichgültig.
MUTTER: Was meinst du damit? Ist ihnen ihre Arbeit gleichgültig, oder seid ihr ihnen gleichgültig?
MOHAMMED: Wir. Wir sollen einfach tun, was sie sagen, und sie helfen uns nicht mal. Was soll man denn überhaupt in der Schule?
VATER: Also ich kann mir das noch nicht richtig vorstellen. Kannst du uns ein Beispiel erzählen, wann sich ein Lehrer euch gegenüber gleichgültig verhalten hat?
MOHAMMED: Ach nein... ich weiß nicht. Ist auch nicht so wichtig. Sind wir jetzt fertig?
VATER: Nein, wir sind noch nicht fertig. Es tut mir leid, dass es dir in der Schule nicht gefällt, und ich will gerne wissen, warum das so ist. Kannst du mir nicht doch irgendein Beispiel nennen?
MOHAMMED: Okay, also letzte Woche in Mathe, da habe ich etwas nicht verstanden, aber das hat sie gar nicht interessiert.
MUTTER: Was hat die Lehrerin denn gesagt?
MOHAMMED: Sie hat gesagt, wenn ich richtig zugehört hätte, dann hätte ich es auch verstanden. Aber ich habe zugehört.
MUTTER: Hast du ihr das gesagt?
MOHAMMED: Ach, das hat doch überhaupt keinen Zweck. Dann wird sie nur sauer und es wird alles noch schlimmer. Zu Mat-

thias hat sie mal gesagt, dass er wirklich dumm ist, wenn er nicht versteht, was sie meint.

VATER: Hat sie auch schon mal zu dir gesagt, dass du dumm bist?

MOHAMMED: Ja, aber nicht so oft wie zu Matthias.

VATER (zur Mutter): Ich werde so wütend, wenn ich so was höre. Das ist doch genau wie damals, als wir noch zur Schule gingen. Ändert sich denn nie etwas?

MUTTER: Anscheinend nicht. Aber jetzt verstehe ich besser, warum du die Lust verloren hast, Mohammed. Es tut einfach weh, wenn man als dumm bezeichnet wird und genau weiß, dass das nicht stimmt. Können wir dir irgendwie helfen? Sollen wir mal mit der Lehrerin reden?

MOHAMMED: Nein, auf keinen Fall. Davon wird alles bloß noch viel schlimmer!

MUTTER: Aber es macht mich so traurig, wenn ich mir vorstelle, dass du so etwas ganz allein durchstehen musst. Du bist mein Sohn, und niemand soll zu dir sagen, dass du dumm bist. Das erlaube ich nicht!

MOHAMMED: Kann ich jetzt gehen? Ich bin mit Matthias verabredet.

VATER: Ja, natürlich. Danke für deine Hilfe! Ich hoffe, du findest eine Möglichkeit, damit klarzukommen. Sag Bescheid, wenn du unsere Hilfe brauchst.

Im Verlauf dieses Dialogs sind beide Seiten klüger geworden. Die Eltern haben etwas Wichtiges über das Leben ihres Sohnes und seine Reaktion darauf gelernt, und Mohammed hat einmal mehr erfahren, dass er auf seine Eltern zählen kann – auch wenn sie kaum etwas tun können. Hätten seine Eltern beispielsweise gesagt: »Manchmal hörst du wirklich nicht zu, Mohammed – auch wenn wir etwas sagen. Vielleicht hat deine Lehrerin recht. Vielleicht musst du dir einfach mehr Mühe geben. Du weißt doch, wie wichtig eine gute Ausbildung ist«, dann wäre Mohammed nach dem Gespräch genauso einsam gewesen wie vorher. Und er hätte dies nur als weiteren Beweis dafür genommen, dass man mit Erwachsenen einfach nicht reden kann.

Nach dem Gespräch mit seinen Eltern ist Mohammed immer noch einsam im Verhältnis zu seiner Lehrerin, doch seine Einsamkeit wurde von seiner Familie verstanden und anerkannt, was beiden Seiten – Erwachsenen und Kindern! – stets neue Energie verleiht.

Sind Grenzen notwendig? Vom Umgang mit Regeln und Regelverstößen

Seit meiner Kindheit ist die Welt zweifellos ein gefährlicherer Ort geworden, und mit jedem neuen Phänomen, das uns beunruhigt, wächst das Bedürfnis, »Grenzen zu setzen«, wie wir fälschlich sagen. Eigentlich meinen wir »Regeln aufzustellen«.

Lassen Sie mich daher etwas darüber sagen, wozu Regeln gut sind und wozu nicht.

Jede Familie braucht ein paar Regeln, um die zwischenmenschlichen und sozialen Prozesse in der Familie zu fördern. Welche das sind, hängt ganz von der Lebenseinstellung, den Wertvorstellungen und Erfahrungen der Eltern ab. Natürlich könnte man etwa zehn allgemeingültige Regeln für das Zusammenleben in der Familie formulieren, doch wäre dies uninteressant, weil diese Regeln stets die individuellen Überzeugungen der Eltern widerspiegeln müssen.

Regeln, die vernünftig vermittelt werden – also weder mit erhobenem Zeigefinger noch mittels Überwachung und Strafe –, dienen sowohl der Gemeinschaft als auch den einzelnen Familienmitgliedern. Das gilt vor allem für die ersten zehn bis zwölf Lebensjahre eines Kindes. Der Umgangston und die Verhaltensweisen, die Eltern in dieser Zeit praktizieren, haben entscheidenden Einfluss darauf, wie die Kinder sich später gegenüber Regeln im Allgemeinen verhalten. War der Ton beispielsweise zu scharf und kommandierend, wird dies vermutlich »kriminelle« Jugendliche zur Folge haben. Damit meine ich nicht, dass sie automatisch zu Gesetzesbrechern werden und im Gefängnis landen, doch werden sie viel Energie darauf verwenden, sich den Regeln der Eltern zu widersetzen und in diesem Kontext auch die Kunst erlernen, überzeugend zu lügen. Auf der anderen Seite kann ein gleichgültiges und nachlässiges Elternverhalten den Kindern das Gefühl vermitteln, sie seien den Eltern ebenfalls gleichgültig.

Eltern sind also zu einem schwierigen Drahtseilakt gezwungen, der ihnen nur gelingen kann, wenn sie einen offenen Dialog mit den Kindern aufrechterhalten. Die Balance muss dabei ständig nachjustiert werden, damit die Probleme und Konflikte, denen die Regeln eigentlich vorbeugen sollten, nicht überhandnehmen. Wenn die Eltern bis zur Pubertät nicht gelernt haben, dass »Erziehung« ein wechselseitiger Lernprozess ist, werden sie es spätestens dann lernen oder den Preis für die Monologe der Vergangenheit zahlen müssen. Für beides sind die Erwachsenen verantwortlich.

Regeln zu formulieren ist keine Kunst: höchstens zwei Stunden Internet am Tag, an Wochentagen um 21 Uhr, freitags und samstags um 22 Uhr zu Hause sein, selbst das Zimmer aufräumen, kein Alkohol bis zum 18. Lebensjahr usw. Jeder kann das tun. Die entscheidende Frage ist jedoch, wie Eltern reagieren, wenn diese Regeln nicht eingehalten werden. Doch lassen Sie uns mit dem Anfang anfangen.

Ein gleichwürdiger Dialog über Regeln in der Pubertät

Stellen wir uns vor, das Kind befindet sich auf dem Weg in die Pubertät, und die Eltern denken vielleicht an all die möglichen Gefahren, die ihm auf diesem Weg drohen, und was sie dagegen tun könnten oder sollten. Zu diesem Zeitpunkt ist es eine gute Idee, den jungen Menschen zu einer Pizza einzuladen und ihm etwa Folgendes zu sagen:

»Jetzt, wo du ein gewisses Alter erreicht hast, ist es uns wichtig, bestimmte Verabredungen mit dir zu treffen. Sie beziehen sich auf das Zusammensein mit deinen Freunden, auf die Zeiten, wann du abends zu Hause sein sollst, auf Schule, Alkohol, Partys, Internet usw. Wir schicken dir am besten eine Mail mit unseren Vorschlägen, damit du in Ruhe über deine Gegenvorschläge nachdenken kannst. Danach können wir uns über die einzelnen Punkte verständigen. Wir glauben nicht, dass diese Regeln für die nächsten sieben Jahre Bestand haben werden, also werden wir wohl hin und wieder eine Pizza zusammen essen müssen, um die Regeln den Gegebenheiten anzupassen. Ist das okay für dich?« Dieses gleichwürdige Gespräch kann jederzeit stattfinden – auch wenn der Jugendliche bereits 15 und in der Vergangenheit einiges schiefgelaufen ist. Idealerweise übt man sich in solchen Gesprächen bereits ab dem sechsten Lebensjahr eines Kindes.

Der gleichwürdige Dialog handelt nicht in erster Linie von Demokratie und den Rechten des Kindes in ihrer politischen und juristischen Bedeutung. Es geht vielmehr darum, die Eigenverantwortung des Kindes sowie die Fähigkeit der Eltern zu stärken, ihre Macht zu verwalten und Vertrauen zu etablieren. Je mehr wir uns in einer Gemeinschaft ernst genommen fühlen, desto unwichtiger wird es, »recht zu haben« oder »seinen Willen zu bekommen«. Das gilt für Eltern und Kinder gleichermaßen. Die Alternativen sind ein ständiger Machtkampf oder aber Unterwerfung. Noch vor einer Generation waren es meist die Kinder, die sich unterwerfen mussten und zu einem Doppelleben gezwungen waren, das sie im Verborgenen führten, wenn es nicht mit den Werten der Eltern im Einklang stand. Heute geschieht es nicht selten, dass sich die Eltern unterwerfen – entweder aus Angst vor Konflikten oder aus Ratlosigkeit, gepaart mit der Einsicht, dass ihre Kinder extrem gut argumentieren können. Dann sagen sie »Ja« oder

»Okay«, haben jedoch ein schlechtes Gewissen sowie das Gefühl, sich selbst gegenüber einen Kompromiss eingegangen zu sein.

Die alles entscheidende Frage handelt von Macht. Wie gebraucht oder missbrauchen Eltern ihre Macht? Die Antwort auf diese Frage hat ausschlaggebende Bedeutung für die Beziehung zwischen Eltern und Kindern, für das Wohlbefinden beider Seiten und für die Fähigkeit des Kindes, mit der Wirklichkeit außerhalb der Familie zurechtzukommen.

Auch die Eltern von Jugendlichen besitzen große Macht, d.h. sie haben großen Einfluss darauf, wie sich die Jugendlichen entwickeln und verhalten – unabhängig davon, ob die Eltern kluge oder weniger kluge Entscheidungen treffen. Diese Macht ist verbunden mit gegenseitiger Liebe, der gemeinsamen Vergangenheit sowie der gemeinsamen Sehnsucht nach Zusammengehörigkeit und Nähe.

Ich habe in anderen Zusammenhängen (siehe zum Beispiel *Was Familien trägt* oder *Die kompetente Familie*) die Rolle der Eltern als Sparringspartner ihrer älteren Kinder hervorgehoben. Dieser Begriff kommt aus dem Boxsport und meint einen Trainingspartner, der maximalen Widerstand bietet und dabei minimalen Schaden anrichtet. Dies ist die fruchtbarste und effektivste Methode der Eltern, größtmöglichen Einfluss auszuüben. Strafen zählen meines Erachtens zur Kategorie Macht*missbrauch* und sind im Übrigen auf längere Sicht vollkommen wirkungslos.

Sinnvoller Umgang mit Regelverstößen

In Diskussionen zwischen Eltern herrscht dieselbe Verwirrung, die auch in den Medien zu beobachten ist, wenn es um die Begriffe »Strafe« und »Konsequenzen« geht. Seit einigen Jahren spricht man lieber von Konsequenzen, weil sich das ein wenig sanfter anhört.

Ein Beispiel: Gabriella ist 14 Jahre alt und kommt am späten Samstagabend in offensichtlich angetrunkenem Zustand nach Hause – ein Zustand, der ein sofortiges vernünftiges Gespräch nicht zulässt. Damit hat sie eine der familiären Regeln missachtet und eine Verabredung mit ihren Eltern gebrochen. Am nächsten Morgen hat sie einen Kater und wird mit ihrer Strafe konfrontiert: Einen Monat lang Ausgehverbot!

Gabriellas Kater ist die Folge ihres Alkoholkonsums. Das Ausgehverbot ist eine Strafe. Es ist der Versuch der Eltern, »konsequent« zu sein – wenn man A sagt (also eine Verabredung eingeht), meinen sie, muss man auch B sagen (bei Missachtung die Strafe auf sich nehmen). Dahinter steckt die Annahme, dass diese Form der Konsequenz die Glaubwürdigkeit der Eltern sichert.

Lassen Sie uns nun einen alternativen Handlungsverlauf betrachten, der von Empathie, Vertrauen und Gleichwürdigkeit geprägt ist:

Gabriella kommt angetrunken nach Hause. Ihre Mutter umarmt sie und hilft ihr ins Bett. Am nächsten Morgen beim Frühstück sieht ihr Vater sie liebevoll an und fragt: »Ist es sehr schlimm?« Gabriella nickt, wobei ihr die Kopfschmerzen und der moralische Kater deutlich anzumerken sind. Somit können die Eltern ganz beruhigt sein. Ihre Tochter hat zum ersten Mal erfahren, welche physischen und psychologischen Konsequenzen es hat, wenn man mehr Alkohol trinkt, als man vertragen kann, und sie schämt sich der Tatsache, dass sie damit eine Grenze überschritten hat. Ihr zukünftiges Verhalten wird davon abhängen, welche Schlüsse sie aus diesem Erlebnis zieht, worüber sich die Eltern mit ihr im Lauf der nächsten Woche unterhalten können. Sie brauchen sie weder zu belehren noch zu bestrafen, und wenn sie Gabriellas Gedanken aufmerksam zuhören, wird ihr Vertrauen in Gabriellas Eigenverantwortlichkeit wachsen und ihre Sorge abnehmen. Die Jugendzeit besteht aus Tausenden von Experimenten, und Reife entwickelt sich nur dann, wenn die Jugendlichen den Raum und die Möglichkeit bekommen, auch ihr Scheitern mit ihrer Familie zu teilen. Je mehr sie isoliert, bestraft, belehrt und kritisiert werden, desto weniger lernen sie über sich selbst, ihre eigenen Stärken und Schwächen.

Eine Handvoll Regeln mag also dazu beitragen, gewissen Problemen und Konflikten *vorzubeugen* und zugleich die Wertvorstellungen der Eltern zu verdeutlichen. Oft sehen wir, dass Regeln benutzt werden, um Konflikte und Probleme zu lösen, was fast nie gelingt. Das verschafft den Eltern allenfalls das Gefühl, »alles getan zu haben, was in unserer Macht stand«, und verdeckt ihre Hilflosigkeit. Viel konstruktiver ist es jedoch, dem Jugendlichen gegenüber die eigene Hilflosigkeit zu offenbaren, um nach gemeinsamen Lösungen für bestehende Konflikte zu suchen.

Pubertät – Konflikte zwischen Kultur und Natur

In unserem Teil der Welt haben wir in den letzten 100 Jahren zunehmend die Phase im Leben der Kinder problematisiert, in der ihr Körper eine natürliche psycho-sexuelle Veränderung durchmacht. Im Lauf einer relativ kurzen Zeit werden aus Kindern fortpflanzungsfähige Jugendliche und Erwachsene. Mental nimmt ihre Entwicklung einen natürlichen Weg von Kindlichkeit und Abhängigkeit zu Selbstständigkeit und Autonomie: zwei Eigenschaften, die sich Eltern in der Regel für ihre Kinder wünschen und die in anderen Kulturen gefeiert werden, indem man den Jugendlichen mehr Verantwortung, einen höheren Status und eine neue Rolle in Familie und Gesellschaft zuweist.

Jugendliche und Sexualität

Die natürliche Sexualität von Kindern und Jugendlichen ist traditionell sowohl in religiöser als auch in moralischer und sozialer Hinsicht problematisiert worden. In meiner Jugend herrschte allgemeines Schweigen. Fast kein Erwachsener sprach mit seinen Kindern über Sexualität. Wir wurden höchstens vor der Schwangerschaft gewarnt, doch niemand machte sich die Mühe, uns zu erklären, wie man schwanger wird bzw. es verhindert. Seitdem hat eine extreme Sexualisierung des öffentlichen Raums stattgefunden – mit allen Vor- und Nachteilen, die das nun mal mit sich bringt. Acht von zehn 14-Jährigen haben bereits mehrfach Pornofilme gesehen und sind mit vielfältigen sexuellen Praktiken vertraut, die noch vor einer Generation weder beschrieben noch filmisch dokumentiert worden waren. Die

Sexualität des Menschen ist vor allem ein Symbol seiner Individualität und Autonomie, was die erwachsenen »Machthaber« natürlich nervös macht und einmal mehr einen vergeblichen Kampf gegen die Zeit führen lässt.

Zugleich hat sich eine spezifische Jugendkultur entwickelt, die weitgehend dem Wohlstand der Erwachsenen und der Konsumgesellschaft geschuldet ist. Das bedeutet jedoch nichts anderes, als das sie deutlicher – oder auch greller – zutage tritt als früher. Die markantesten Kennzeichen folgen demselben Muster einer natürlichen Entwicklung wie seit vielen Generationen. In zehn bis 15 Jahren werden sich die Jugendlichen von heute ganz genauso verhalten wie die 25- bis 35-Jährigen dies jetzt tun. Kinder und Jugendliche kooperieren, kopieren und passen sich an. Das ist ein beständiger Prozess, an dem niemand etwas ändern kann.

In mentaler Hinsicht sind die Menschen heute freier als noch vor zwei, drei Generationen. Die gegenseitige Unterdrückung von Individualität und Handlungsfreiheit nimmt im selben Maße ab, in dem junge Menschen Dinge tun, von denen die Erwachsenen früherer Generationen nicht einmal zu träumen gewagt hätten. Die Phase in der Familie, die von dem geprägt wird, was wir Kindererziehung nennen, dauert nur noch circa zehn Jahre lang. Im Alter von neun, zehn Jahren werden Kinder heute als »Tweens« (*»in-betweens«*) bezeichnet, und obwohl die Familie und die Eltern immer noch eine zentrale Rolle in ihrem Leben spielen, beginnen sie sich in diesem Alter auf allen Ebenen mit den Teenagern zu identifizieren. In ihrer Funktion als Rollenvorbilder haben die Eltern ausgedient, wenngleich diese Funktion tief in ihrem Bewusstsein verankert ist. Zu dieser Zeit erhalten sie die ersten konkreten verbalen Rückmeldungen ihres Kindes, wie es um ihr eigenes Verhalten als Eltern und Menschen bestellt ist.

An Erziehung nehmen alle Kinder immer Schaden

Der Traum vom »Naturkind«, das ohne Manipulation, Kränkung und Unterdrückung – also ohne jeden Einfluss der Kultur, die es umgibt – aufwächst, ist eine Illusion. Niemand, der zehn Jahre lang in einer bestimmten Gesellschaft und einer bestimmten Familie gelebt hat, kommt ungeschoren davon, und die Grenze zwischen Vernachlässigung und Unterdrückung ist so hauchdünn, dass weder Eltern noch Lehrer das ideale Gleichgewicht finden.

Die Zeit, die unsere Kinder gemeinsam mit uns verbringen, fügt ihrer Seele kleinere und größere Schäden zu, doch glücklicherweise haben sie ein Leben lang Zeit, sich ihrer Heilung zu widmen. Aber je freier und gesünder sich Kinder entwickeln dürfen, desto direkter werden sie als Jugendliche ihren Eltern – im Positiven wie im Negativen – die Rechnung präsentieren. Es ist dieselbe Entwicklung, die auch in Paarbeziehungen zu beobachten ist: Das Feedback der Frauen an ihre Partner ist im Lauf der Zeit sehr viel offener und direkter und damit auch wertvoller für die Partnerschaft geworden.

Eltern werden in gleicher Weise, wenn auch in verschiedenem Grad, von der Kultur ihres Landes, ihrer Religion und sozialen Klasse geprägt, doch sollte man sich stets vergegenwärtigen, dass die Kultur bei den Erwachsenen »zwischen den Ohren« sitzt und sie sich daher relativ frei zu dem verhalten können, was »man« tut und was nicht. Dies ist ein wichtiger Punkt, denn der Kern der häufigsten Konflikte in Familien mit Jugendlichen ist der Gegensatz von Kultur und Natur. Zum Beispiel:

› **Welche Regeln und Grenzen soll man seinem 14-jährigen Kind setzen, und sind diese Regeln der Individualität des Kindes auch angemessen?**

› **Welche Bedeutung misst »man« Schule und Ausbildung zu, und wie stehen wir dazu?**

Diese Konflikte, mit denen viele Jugendliche ihre Eltern mehr oder minder bewusst konfrontieren, sind für beide Seiten schmerzhaft und kompliziert. Die Eltern von Familien mit Migrationshintergrund merken dies in besonderem Maße, wenn ihre Kinder nach bestem Wissen und Gewissen versuchen, die Werte der eigenen Familie zu respektieren und sich zugleich der Realität der Gesellschaft, in der sie leben, anzupassen.

Eltern begegnen diesen Konflikten in der Regel auf drei verschiedene Arten:

1. Sie verteidigen ihre eigenen Werte mit Zähnen und Klauen und versuchen, ihre Kinder zu manipulieren bzw. zur Konformität zu zwingen.
2. Sie versuchen, sich mit faulen Kompromissen durchzulavieren, d.h. sie gehen den Weg des geringsten Widerstands, in der Hoffnung, die Anzahl der Konflikte dadurch zu begrenzen. Diese Strategie zieht unweigerlich Schuldgefühle und ein schlechtes Gewissen nach sich und führt auf lange Sicht oft zu häufigeren und schwerwiegenderen Konflikten.
3. Sie entziehen sich dem Konflikt und werden gewissermaßen selbst zum Kind, um den Kindern »auf Augenhöhe« zu begegnen. Mit dieser Strategie berauben sie diese der Sparringspartner, die sie so dringend benötigen.

Meiner Erfahrung nach führen diese drei Wege nicht zum Ziel, weil sie die Beziehung zwischen Eltern und Kindern untergraben. Aufseiten der Kinder in Form von Angst, Zorn und Unsicherheit, wohingegen die Eltern an Unzufriedenheit, Frustration und Schuldgefühlen leiden.

Konflikte als Geschenk und Herausforderung

Die Alternative besteht darin, bestehende Konflikte als Geschenk und Herausforderung zu betrachten. Als Geschenk, weil wir nach zehn bis zwölf Jahren, in denen wir in voller Verantwortung und von ganzem Herzen versucht haben, die besten Eltern zu sein, die wir sein konnten, nun in der Lage sind, Augen und Ohren weit aufzusperren, um das Resultat unserer Bemühungen zur Kenntnis zu nehmen. Wir bekommen ein Feedback in Gestalt des persönlichen und sozialen Verhaltens unserer Kinder, das viel differenzierter ist, als ein junger Mensch dies verbalisieren könnte.

Die Herausforderung stellt sich uns auf verschiedenen Ebenen:

- **Unsere Ansichten und Wertvorstellungen werden auf eine harte Probe gestellt, wenn unsere Kinder sie daraufhin überprüfen, ob es Werte sind, die sie selbst in ihr Leben integrieren wollen. Im besten Fall führt dies zu zahlreichen intellektuellen Diskussionen und Konflikten, zu denen auch weniger wohlformulierte »Angriffe« auf die Überzeugungen und Traditionen der Eltern gehören. Oft ist es anstrengend – oder geradezu beängstigend –, seine eigenen Wertvorstellungen zur Debatte zu stellen, doch lohnt es sich, diese Chance zu ergreifen. Nicht nur, um die Beziehung zu den Jugendlichen zu pflegen, sondern weil vieles in unserem Leben im Lauf der Zeit zur Routine erstarrt, die im Interesse aller dann und wann hinterfragt werden sollte.**
- **Unsere Verschiedenartigkeit fällt umso stärker ins Auge, je mehr wir uns provoziert fühlen. Daher besteht nun die Möglichkeit, diese näher unter die Lupe zu nehmen. Mit den unterschiedlichen Einstellungen und Sichtweisen auf das Leben im Allgemeinen müssen die Eltern ja weiterleben, und die**

Kenntnis sowie die Akzeptanz dieser Unterschiede qualifizieren sie in besonderem Maße zu späteren Schwieger- und Großeltern.

› Als Paar haben wir oft sehr viel länger die Rolle der Eltern als die der liebenden Partner eingenommen. Die wachsende Unabhängigkeit und physische Abwesenheit der Kinder ermöglicht es den beiden, sich als erwachsene Partner wieder näherzukommen. Falls die Elternrolle ihr Bewusstsein über viele Jahre hinweg vollkommen ausgefüllt hat, neigen vor allem Mütter dazu, sich an diese Rolle zu klammern und wachsende Angst vor dem »Loslassen« zu entwickeln. Wenn dies geschieht, reagieren die Kinder entweder mit bleibender Abhängigkeit oder mit gewaltsamem Aufbegehren gegen die elterliche Manipulation. Beides ist gleichermaßen unangemessen.
› Man sollte die Rolle des Erziehers auch deshalb ablegen, weil es nun an der Zeit ist, eine »erwachsene« und »freundschaftliche« Beziehung zu den älteren Kindern zu etablieren. Der Ehrgeiz moderner Eltern, dieser Herausforderung gerecht zu werden, ist relativ neu, doch zweifellos außerordentlich sinnvoll. Wenn es gelingt, profitieren beide Seiten davon.
› Es lohnt sich, viele nahezu unumgängliche Konflikte in diesem Licht zu betrachten: als Konfrontation von natürlichen Lebensprozessen mit kulturellen Vorstellungen und Normen. Vielleicht sind den Eltern ihre kulturellen Vorstellungen so wichtig, dass sie unter allen Umständen an ihnen festhalten wollen. Die Mitverantwortung der Eltern für bestehende Konflikte bemisst sich genau nach dem Umfang, in dem sie dies tun.

Kinder, Schule, Eltern: ein lebenswichtiges Dreieck

Soll die Schullaufbahn eines Kindes in sozialer wie in akademischer Hinsicht optimal gelingen, erfordert dies eine beständige und qualitätvolle Kommunikation zwischen Lehrern, Kindern und Eltern. Eine Kommunikation, die in ganz Europa nur allzu selten praktiziert wird. Dafür gibt es drei gute Gründe und viele faule Ausreden.

Erstens sind Lehrer nicht darin ausgebildet, fruchtbare Dialoge mit Kindern zu führen. Zweitens wissen sie nicht, wie man entsprechende Gespräche mit den Eltern führt, und zum Dritten ist die Schulkultur traditionell keine Kultur des Dialogs, sondern des Monologs und Gehorsams. Die Schule gleicht nach wie vor einer Fabrik aus der (ökonomischen) Blütezeit der Industrialisierung.

Dabei gibt es natürlich strahlende Ausnahmen, doch sind diese dünn gesät. Positiv treten die nordeuropäischen Länder in Erscheinung, aber auch im Norden sehnen sich konservative Bildungspolitiker nach einer Zeit, in der die Angst der Kinder vor den Erwachsenen es der Schule ermöglichte, ein *»management by fear«* zu praktizieren.

Fehler im System

Seit 15 Jahren befindet sich die Schule in der Defensive und hat nicht viel anderes geliefert als einen endlosen Strom von Klagen über die aufmüpfigen Kinder unserer Tage, deren nachlässige Eltern es versäumt haben, ihnen beizeiten die Flötentöne – Gehorsam und Unterwerfung – beizubringen. Die Lehrerausbildung und die archaische Kultur der öffentlichen Schule befinden sich mit dem modernen Menschen nicht mehr in Einklang.

Ein elfjähriger Junge aus Berlin beispielsweise war auf der Schule so unglücklich, dass er dem Unterricht immer häufiger fernblieb und seine Eltern inständig anflehte, von der Schule abgehen zu dürfen. Die Eltern des Jungen baten dessen Lehrer um ein Treffen, um nach einer gemeinsamen Lösung zu suchen und die Situation für alle zu verbessern. Doch ihr Vorschlag wurde brüsk zurückgewiesen. Der Junge, hieß es, könne in einem halben Jahr zu einem Psychologen kommen, außerdem führe man mit Problemkindern aus Prinzip keine persönlichen Gespräche!

Wie kann eine Schule mit einer solchen Einstellung erwarten, von Schülern und Eltern respektiert zu werden? Wen kann es überraschen, wenn dieser Elfjährige vollkommen scheitert oder eines Tages mit einer geladenen Schusswaffe in der Schule aufkreuzt? Dieser Vorgang ist so entwürdigend, so unmenschlich und so primitiv, dass man sich darüber wundern muss, dass es noch keinen bundesweit organisierten Aufstand von Eltern gibt, die sich mit diesen Zuständen nicht länger abfinden wollen. Aber den gibt es nicht. Die Angst vor dem System und dem möglichen sozialen Fiasko der Kinder verleitet die meisten Eltern nicht nur dazu, den Status quo zu akzeptieren, sondern auch ihre Kinder im Stich zu lassen, wenn diese plötzlich »Schulprobleme« bekommen.

Ich räume gern ein, dass Eltern vor einer ungeheuer schwierigen Entscheidung stehen, die zum riskanten Drahtseilakt werden kann: Sollen wir uns mit dem System solidarisieren, was unsere Kinder sowie unsere Beziehung zu ihnen womöglich unerträglichen Belastungen aussetzt, oder sollen wir ihnen den Rücken stärken, obwohl wir befürchten müssen, damit ihre Zukunftsaussichten aufs Spiel zu setzen?

In Deutschland stellt sich dieses Problem mit besonderer Schärfe, weil man noch immer daran festhält, die Kinder schon nach vier Grundschuljahren voneinander zu trennen. Über die zukünftigen Bildungschancen dieser Kinder entscheiden Menschen, die oftmals weder Zeit noch Interesse haben, sich der individuellen Persönlichkeit der zehn- bis elfjährigen Schüler zu widmen. Doch diese Politik entbehrt jeder seriösen wissenschaftlichen Grundlage. Sie ist ein indirekter, doch krasser Bruch mit der UN-Kinderrechtskonvention und übt auf Eltern wie Kinder einen teils unmenschlichem Druck aus. So verwundert es nicht, dass sich immer mehr Kinder und Jugendliche von der Schule abwenden und damit ihren ursprünglichen Wissensdurst verleugnen.

Den Schwarzen Peter haben gegenwärtig die Eltern, die individuell entscheiden müssen, welche Prioritäten sie setzen. Nicht gerade eine beneidenswerte Position, und ich wundere mich täglich darüber, dass wir noch keinen kollektiven Aufschrei der Eltern erleben, die im eigenen Namen sowie im Namen ihrer Kinder eine Änderung der Gesetze verlangen.

Kindern und Jugendlichen den Rücken stärken

Viele Eltern stehen also vor der Wahl, sich entweder als verlängerter Arm des Staates zu betätigen oder den staatlichen Institutionen gegenüber zum Sprachrohr ihrer Kinder zu werden. Im Interesse aller Parteien hoffe ich, dass sich so viele Eltern wie möglich für Letzteres entscheiden. Ich zweifle keine Sekunde daran, dass Kinder, denen dies zuteil wird, ein besseres Leben als Erwachsene führen, bessere Eltern werden und für die Gesellschaft von größerem Wert sind.

Politiker können derweil tun, was in ihrer Macht steht: zum einen die Lehrerausbildung dahingehend ändern, dass auch relevante und notwendige zwischenmenschliche Kompetenzen erworben werden, und zum anderen dafür sorgen, dass Lehrer an Schulen arbeiten können, die sich sowohl ihrer Angestellten als auch ihrer Schüler und deren Eltern wahrhaftig annehmen.

Eltern sollten sich klarmachen, dass Kinder, die offen von ihrem Unbehagen berichten, die die Schule schwänzen, aus dem System fallen oder mit Ach und Krach die Mindestanforderungen erfüllen, obwohl ihr Potenzial viel größer ist, extrem mutig sind. Die Propaganda und der Druck, den Politiker, Beamte, Lehrer und Eltern gleichermaßen ausüben, ist so enorm, dass ein junger Mensch, der gegen den Strom schwimmt, den allergrößten Respekt und die maximale Unterstützung durch seine Nächsten verdient. Eine Unterstützung, die sich nicht gegen Schule und Ausbildung richtet, sondern die persönlichen Überlegungen und Entscheidungen des Schülers respektiert. Hinter der wachsenden Anzahl der Kinder mit »Schulproblemen« verbirgt sich eine wichtige Botschaft für die Erwachsenen: Die Schule ist ein wachsendes Problem für ihre Schüler.

Ich möchte unterstreichen, wie wichtig es ist, dass Eltern ihren Kindern den Rücken stärken. Das heißt jedoch nicht, dass diese die Kanonen gewissermaßen in die entgegengesetzte Richtung drehen und die Lehrer unter Beschuss nehmen. Sie sind der falsche Adressat. Es sind die überkommene Schulkultur und ihre antiquierte politische Grundlage, der wir – was die Lehrer ausdrücklich mit einschließt – den Kampf ansagen müssen.

Die Hoffnung der Eltern kann sich vielmehr auf die Tatsache stützen, dass es unter den Schullehrern so viele großartige und engagierte Persönlichkeiten gibt. Persönlichkeiten, mit denen der Dialog nicht schwerfällt, sofern man sich die Mühe macht, sie nicht zum Feind seiner Kinder zu erklären. Denken Sie daran:

- **Viele Lehrer haben Angst vor den Eltern. Der umgekehrte Fall ist weitaus seltener.**
- **Lehrer wissen generell nur sehr wenig über Kinder (meist ausschließlich über Schüler) und demzufolge auch wenig über Ihr eigenes Kind.**
- **Lehrer sind nicht darin geschult, Konflikte zu lösen oder Menschen zu führen.**
- **Die Solidarität, die Sie Ihrem Kind im Kampf gegen seine Schule zukommen lassen, ist ein zweischneidiges Schwert, das die Situation der Kinder u.U. noch schwieriger macht.**
- **Weder die Schule noch ihre Lehrer sind darauf eingestellt, für das Wohlergehen Ihres Kindes Mitverantwortung zu übernehmen – zumindest nicht, bevor Sie als Eltern Kontakt zu ihnen aufgenommen haben, der ihnen Sicherheit gibt.**
- **So sehr die Lehrer selbst belehren, so sehr hassen sie es, belehrt zu werden.**
- **Behandeln Sie die Lehrer so, wie diese auch Ihre Kinder behandeln sollten.**

Vielleicht werden Sie sich fragen, ob man Eltern solch eine große Verantwortung überhaupt aufbürden sollte. Die Antwort lautet Nein, eigentlich nicht. Doch so, wie die Dinge liegen, kann man nur auf diese Weise die Kinder davor bewahren, sämtliche Verantwortung und Schuldgefühle allein zu tragen.

ZWEI

»Und was soll ich jetzt machen?«

Lösungsideen in Briefform

Offene Kommunikation mit pubertierenden Kindern

LIEBER JESPER JUUL,

wir haben drei Kinder im Alter von drei, acht und zwölf Jahren. Der Älteste ist ein Junge, die beiden Jüngeren sind Mädchen. Der Junge ist bereits in der Pubertät. Wie schafft man es, eine offene Kommunikation zu ihm aufrechtzuerhalten, ohne seine Gefühle und sein Leben »in Beschlag zu nehmen«? Er fragt und denkt immer mehr wie ein Junge, der erwachsen wird. Gleichzeitig »fürchte« ich als Mutter, dass er seine Offenheit uns gegenüber verliert und damit aufhört, Fragen zu stellen und von sich aus zu erzählen. Ich fürchte auch, dass er »eines Tages« in ein Milieu geraten könnte, in dem er Bekanntschaft mit Drogen o.Ä. macht. Im Moment gibt es zwar nicht den geringsten Anlass zu dieser Besorgnis, doch wie kann ich meine Ängste in den Griff bekommen, damit sie nicht die Kommunikation mit meinem Sohn überschatten?

Die Mädchen sind immer noch so klein und begegnen dem Leben mit kindlicher Offenheit. Wenn Sie etwas zu der Problematik der Offenheit zwischen Teenagern und ihren Eltern schreiben könnten, würde ich mich sehr darüber freuen. Wir wollen doch nur das Beste für unsere Kinder.

Eine Mutter

ANTWORT

Zunächst möchte ich etwas Allgemeines zum Verhältnis vieler Eltern zur Pubertät sagen. Wohl um keinen anderen Entwicklungsschritt im Leben eines Kindes ranken sich so viele Mythen und Problematisierungen. Es scheint fast so, als würden wir in unserer Kultur gar nicht genug davon bekommen, eine Periode zu bejammern und zu problematisieren, die in anderen Kulturen als freudige Begebenheit im Leben eines Kindes und seiner Familie begrüßt wird.

Dabei lohnt es sich für alle Seiten, die Sorgen beiseite zu lassen und den künftigen Jahren mit folgender Einstellung zu begegnen: Es wird spannend sein zu verfolgen, zu welchem Menschen er/sie sich entwickeln wird!

Aber es gibt doch wirklich tausend Gründe, sich Sorgen zu machen, werden manche jetzt sagen. Es ist richtig, dass wir in einer gefährlichen Welt leben und zumal einem jungen Menschen viel Schreckliches geschehen kann. Manchmal bitte ich Mütter sich vorzustellen, dass ihre Männer und Kinder jeden Monat viele Stunden brauchten, um sich auf die mütterliche Menstruation vorzubereiten, oder mehrere Jahre, um die Zeit des Klimakteriums zu überstehen. Beides sind schließlich hormonell bedingte Phasen im Leben eines Menschen – wie die Pubertät. Der guten Atmosphäre in der Familie wäre das sicher nicht zuträglich.

Besorgnis hat auch mit Vertrauen zu tun. Haben Sie Vertrauen in Ihren Sohn? Wenn dem so ist, dann ist dies die wirksamste Medizin gegen Ihre Angst und die beste Unterstützung, die Sie ihm in den nächsten fünf Jahren zukommen lassen können. Ich kenne Ihren Sohn zwar nicht, doch möchte ich hier ein paar Dinge aufzählen, auf die Eltern von heute vertrauen können, falls das grundlegende Verhältnis zu ihren jugendlichen Kindern in Ordnung ist:

› **Sie können darauf vertrauen, dass sie/er einigen Versuchungen erliegen und eine Reihe schmerzhafter Erfahrungen machen wird.**
› **Sie können darauf vertrauen, dass sie/er sich aktiv darum bemühen wird, ihr/sein Verhältnis zu folgenden Dingen zu**

klären: Alkohol, Haschisch und evtl. andere Drogen, Sex, Pornografie und Verliebtheit.

- **Sie können darauf vertrauen, dass der Jugendliche zu unterscheiden beginnt, worüber er mit den Eltern und worüber er mit Gleichaltrigen spricht.**
- **Sie können darauf vertrauen, dass er alles, was er in den folgenden Jahren unternimmt, *für sich selbst* tut – nicht gegen seine Eltern.**

Vertrauen hat ja nichts mit der Überzeugung zu tun, dass Kinder alles tun, was ihre Eltern für richtig halten, und das unterlassen, was diese für falsch halten. Das Vertrauen, das Kinder von ihren Eltern so sehr benötigen, ist die Zuversicht, dass die Kinder ihr Bestes geben, um zu dem Menschen zu werden, der sie gern sein möchten. Und zwar auf dem Fundament, das sie gemeinsam mit ihren Eltern, dem Kindergarten, der Schule und ihrem gesamten Netzwerk errichtet haben.

Warum schreibe ich überhaupt so viel über Sorge und Vertrauen? Ich tue das, um Ihre Frage zu beantworten, wie Sie die Offenheit zu Ihrem pubertierenden Kind bewahren können. In den letzten 30 Jahren habe ich viele Jugendliche aus den verschiedensten Kulturen kennengelernt, und eines ändert sich nie: Sie dürsten nach dem Vertrauen ihrer Eltern und hassen deren Besorgnis.

Was nicht bedeutet, dass der relevante Teil Ihrer Besorgnis für Ihr Verhältnis schädlich wäre. Es bedeutet nur, dass Sie die Besorgnis mit anderen Erwachsenen teilen müssen, statt sie Ihrem Sohn aufzubürden.

Sie können noch etwas anderes tun, das von großer Wichtigkeit ist. Sie können damit anfangen (oder weitermachen), offen über sich selbst und Ihr eigenes Leben zu reden, wenn Sie mit Ihrem Sohn zusammen sind. Wenn Sie so wie die meisten Eltern sind, dann haben Sie sich bisher weitgehend in Form von

Fragen an Ihren Sohn gewandt: »Wie war es heute in der Schule? Wie geht es dir? Hast du dir das auch gut überlegt?« etc. etc. Eine Mischung aus neugierigen, interessierten, engagierten und kontrollierenden Fragen.

Von nun an ist es wichtig, weniger Fragen zu stellen und mehr von sich selbst preiszugeben – Ihre Gedanken und Gefühle, große und kleine Erlebnisse, Ihre Meinungen und Ansichten über das Leben und die Welt etc.

Ich meine natürlich nicht, dass Sie sich zu ihm verhalten sollen wie zu einem erwachsenen Liebespartner, sondern wie zu einem guten Freund. Sie haben Ihr Privatleben, und er ist dabei, seines aufzubauen, und beide müssen respektiert werden, wenn sich Ihre Freundschaft entwickeln und die nächsten 50 Jahre überdauern soll.

Im Laufe der Pubertät gehen im Gehirn eines Kindes oft so große biologische Veränderungen vor sich, dass Eltern plötzlich das Gefühl haben, ihre Kinder nicht mehr zu kennen. Diese Veränderungen veranlassen viele Kinder, all ihre Aufmerksamkeit für lange Zeit nach innen zu richten. Diese Introvertiertheit sollten die Eltern nicht persönlich nehmen, denn sie hat nichts mit einem guten Verhältnis zu tun, das sich womöglich verschlechtert hat. Sie ist auch kein Zeichen mangelnden Vertrauens.

Das Frustrierende besteht darin, dass diese Introvertiertheit wortlos zum Ausdruck kommt, doch Worte und Gespräche sind schließlich nur eine Möglichkeit, seine Offenheit zu zeigen. Allein die Tatsache, dass Ihr Sohn mit seiner unverwechselbaren Persönlichkeit am Familienleben teilnimmt, ist doch ein Ausdruck für seine Offenheit und sein Vertrauen.

Das Leben mit pubertierenden Kindern konfrontiert Eltern mit der Tatsache, dass das Leben nicht planbar ist (auch wenn sich viele Eltern von Kleinkindern dieser Illusion hingeben). Ihr Sohn muss sein Leben so leben, wie es sich gegenwärtig entwickelt, und wissen, dass Sie bedingungslos für ihn da sind. Nicht als Therapeut oder Sozialarbeiter, sondern als Sparringspartner und Stütze.

Das kann für beide Seiten harte Arbeit bedeuten, doch gibt es glücklicherweise immer mehr Teenager, die ihr Leben mit großer Sicherheit und Selbstverständlichkeit in die Hand nehmen, ohne aus ihren Eltern Feindbilder zu machen.

Die beste Gewähr, dass Sie auch weiterhin ein enges Verhältnis zu Ihrem Sohn haben werden, ist Ihr eigener Wille, sich gemeinsam mit ihm zu entwickeln. Sie sind zwar nicht mehr für seine Erziehung verantwortlich, doch tragen Sie nach wie vor die Hauptverantwortung für Ihre *Beziehung* – die ja bekanntlich der wichtigste Faktor in der Erziehung ist. Viel Vergnügen dabei!

Strafe nach einer Grenzüberschreitung?

LIEBER JESPER JUUL,

ich schreibe Ihnen, weil ich eine Frage in Bezug auf einen Teenager habe, der eine gewisse Grenze überschritten hat. Vor 20 Minuten habe ich einen Anruf von meiner Schwester bekommen, die sehr erregt war. Sie hat den ganzen Nachmittag über versucht, ihren 15-jährigen Sohn Kasper zu erreichen. Irgendwann hatte sie die Telefonnummer des Freundes herausgesucht, bei dem Kasper angeblich zu Besuch war. Doch seine Eltern teilten ihr mit, dass Kasper nicht da und ihr eigener Sohn am anderen Ende des Landes sei. Daraufhin ging meine Schwester in Kaspers Zimmer, in der Hoffnung, dort irgendeinen Hinweis auf seinen Aufenthaltsort zu finden. Da sein Computer angeschaltet war, überflog sie seine E-Mails und stieß dabei auf eine Mail an ein Mädchen, das sie nicht kannte. Offenbar hatten sie sich im Internet kennengelernt.

In seiner Mail beschrieb Kasper seine Mutter als Nervensäge und Schlampe, die ihn zwinge, seine Hausaufgaben zu machen, und ihn nicht tun lasse, was ihm gefällt. Wenn er nicht rechtzeitig von zu Hause wegkäme, um sich mit ihr zu treffen, fuhr Kasper fort, würde er sich eben irgendein Moped ausleihen oder zur Not eines stehlen.

Entsetzt über diese Mail beschloss meine Schwester, Kaspers Vater anzurufen, damit dieser Kontakt zu seinem Sohn aufnehmen würde. Die beiden haben sich scheiden lassen, als Kasper ungefähr sechs war.

Es gelang dem Vater, Kasper zu erreichen, der sich irgendwo außerhalb der Stadt aufhielt, aber auf dem Heimweg war. Kasper sagte zu ihm, dass er keine Lust habe, seiner Mutter zu erzählen, wo er gewesen sei, weil er ihr dann über alle möglichen Dinge Rede und Antwort stehen müsste.

Meine Schwester ist eine Frau mit gesundem Menschenverstand und einer gehörigen Portion Klugheit. Vor wenigen Jahren hat sie eine langwierige Familientherapie gemacht, um das Verhältnis zu ihrem Sohn zu verbessern. Die Therapie hat sich in vieler Hinsicht sehr positiv ausgewirkt.

Wir stammen selbst aus einer dysfunktionalen Familie, was dazu geführt hat, dass wir als Erwachsene Hilfe in Anspruch nehmen mussten, um unser Leben in den Griff zu kriegen. Meine Schwester steht kurz vor Beendigung ihrer Ausbildung zur Sozialberaterin, was ohne die langjährige Familientherapie, die sie selbst durchlaufen hat, nicht möglich gewesen wäre. Sie besitzt inzwischen umfangreiche pädagogische Kenntnisse und persönliche Erfahrungen, doch natürlich tut man sich schwer, wenn es um die eigenen Kinder geht.

Kasper hatte schon immer Schwierigkeiten in der Schule, sowohl in fachlicher als auch sozialer Hinsicht, und hat relativ viele dysfunktionale Züge. Aus Angst, den Anforderungen nicht zu genügen, geht er der Realität aus dem Weg, übertreibt vieles oder kehrt den Besserwisser heraus. Er widersetzt sich allen Grenzen. Meistens sagt er einfach »Ja, Mama«, tut dann aber doch, was er will. Ein guter Lügner ist er noch nie gewesen, weil ihn sein Gewissen jedes Mal verrät. Ich glaube, er versucht dieses Gewissen zu ignorieren, weil es ihn in seiner freien Entfaltung behindert.

All das ist natürlich meine subjektive Perspektive, doch glaube ich, dass meine Schwester das meiste unterschreiben würde. Kasper ist im Grunde ein guter Junge. Es bedeutet ihm viel, gut angesehen zu sein, und anderen gegenüber ist er stets hilfsbereit. Inzwischen ist er eben durch und durch ein Teenager und erfährt am eigenen Leib die Folgen all dessen, was in seiner Kindheit nicht optimal gelaufen ist.

Meine Schwester hat mich vor allem angerufen, um erst mal Dampf ablassen zu können, damit sie nicht gleich explodiert, wenn Kasper zur Tür hereinkommt. Sie erklärte mir, was sie zu tun gedenke, und wollte von mir wissen, was ich an ihrer Stelle tun würde.

Als erste Sanktion hatte sie bereits den Computer aus Kaspers Zimmer entfernt und weggeschlossen. Wenn Kasper nach Hause kommt, will sie ihm auch gleich sein Handy abknöpfen. Über weitere Maßnahmen war sie sich noch nicht im Klaren. Natürlich weiß sie, dass es andere Schritte braucht, als nur sein persönliches Eigentum zu konfiszieren, doch wie diese Schritte aussehen sollen, das ist die Frage.

Von der Notwendigkeit dieser Sanktionen ist sie vollkommen überzeugt, damit Kasper nicht daran zweifeln kann, wie ernst ihr die Sache ist.

Während unseres Gesprächs steckte sie mich förmlich mit ihrer Wut an. Wenn Kasper mein Sohn wäre, sagte ich ihr, dann dürfte er die Wohnung erst wieder verlassen, nachdem er sich in aller Form und von ganzem Herzen dafür entschuldigt hätte, dass er mich angelogen hat und über mich hergezogen ist, ganz gleich, wie viele Tage das dauern würde. Nicht einmal zur Schule würde ich ihn lassen, sagte ich, ehe die Sache nicht aus der Welt geräumt sei.

Darüber hinaus erklärte ich ihr, dass sie ihn klipp und klar mit den Konsequenzen seines Verhaltens konfrontieren und den Familientherapeuten verständigen sollte, der auch ihr damals geholfen hat. Und wenn sich sein Verhalten nicht ändern würde, fügte ich hinzu, dann würde auch aus seinem Schulwechsel aufs Internat nichts werden, da sie sich ja schließlich nicht auf ihn verlassen könne, wenn sie ihn zu lange aus den Augen lässt.

Ich habe keine Ahnung, ob das wirklich die richtigen Maßnahmen wären, doch wenn wir jetzt nicht effektiv eingreifen, dann fürchte ich sehr, dass er auf die schiefe Bahn gerät. Was raten Sie uns in dieser Situation?

Mit freundlichen Grüßen

ANTWORT

Ich möchte zunächst Ihrer Schwester ein Kompliment dafür aussprechen, dass sie Sie angerufen hat, statt ihrem Sohn gegenüber zu explodieren – und Ihnen beiden für Ihr Engagement und Ihre Zweifel. Das Folgende richtet sich an Ihre Schwester:

In der Pubertät erhalten wir Eltern sowohl unsere wohlverdiente Belohnung als auch unsere wohlverdiente Strafe, doch beides geschieht oft zu einem unvorhergesehenen Zeitpunkt sowie in unerwarteter Form. Sie erleben gerade einen klassischen Aufruhr Ihres Sohnes, der plötzlich alle Spielregeln über den Haufen wirft und somit die ebenso klassischen Reaktionen der Erwachsenen auslöst: Konsequenzen, Strafe, Freiheitsberaubung. Bevor ich mich dazu äußere, möchte ich Ihnen sagen, dass Ihr Verhalten in dieser Situation einem dreifachen Zweck dienen sollte. Zum Ersten muss Ihre persönliche Kränkung ernst genommen werden. Zum Zweiten muss das Verhältnis zu Ihrem Sohn erneuert und verbessert werden. Und zum Dritten muss seine Zukunft so konstruktiv wie möglich beeinflusst werden.

Denn eines ist sicher: Ihr Sohn hat lange Zeit einen gewaltigen Zorn mit sich herumgetragen, den er bis jetzt in sich eingeschlossen und vor Ihnen verborgen hat. Ich vermute, dies hängt mit seinem lebenslangen Status als »problematisches Kind« und vermutlich auch mit dem Verlauf Ihrer früheren Familientherapie zusammen. Möglicherweise haben danach einige Dinge – nach dem Maßstab von Erwachsenen – besser »funktioniert«, doch ist Kasper als Mensch womöglich zu wenig Beachtung geschenkt worden.

Die Wortwahl in seiner Mail lässt auf einen Jungen schließen, der sich lange Zeit unfrei, übersehen und nicht ernst genommen gefühlt hat. Dann hat er ein Mädchen im Internet kennengelernt, von dem er sich offenbar verstanden fühlt, und schon kommt sein ganzer Zorn zum Ausdruck. Vielleicht hätte er ihn ein Leben lang vor Ihnen versteckt gehalten, wenn Sie seine Mail nicht gelesen hätten.

Das muss Ihnen natürlich extrem ungerecht vorkommen, da Sie so viel Energie und Gefühle mobilisiert haben, damit es ihm gut geht und Ihre Beziehung sich verbessert. Doch muss ich leider hinzufügen, dass dies Ihre freie Entscheidung war und nichts, worum Kasper gebeten hat oder was er sich hätte verbitten können. Es sind diese Entscheidungen, die wir Eltern in der Hoffnung treffen, das Richtige zu tun. Sicher sein können wir uns natürlich nie.

Darum müssen Sie für Ihre Entscheidung die Verantwortung übernehmen, statt die Dankbarkeit Ihres Sohnes zu erwarten. Paradoxerweise ist es ja umso schwieriger, einem Elternteil, der sich intensiv engagiert, seine Meinung zu sagen, als jemanden, der sich nachlässiger und gleichgültiger verhält.

Ich denke, Sie sollten zunächst Ihrem Zorn, Ihrer Kränkung und Verletztheit Ausdruck verleihen, und zwar in einem Gespräch, in dem Sie ihm so klar und emotional wie möglich zu verstehen geben, was er Ihnen zumutet, und dass Sie etwas Ähnliches nie wieder erleben wollen. Niemals! Unter keinen Umständen!

Sie können natürlich auch eine Strafe verhängen, doch sollten Sie wissen, dass Strafen äußerst selten einen konstruktiven Effekt haben. In der Regel wirken sie sich destruktiv auf das Kind und die Beziehung aus. Manchmal helfen die Strafen den Eltern, sich als konsequente, verantwortungsvolle Erzieher zu fühlen, doch auch dieser Effekt ist leider nur von kurzer Dauer. Im Falle Ihres Sohnes besteht hingegen die Gefahr, dass er mit

Gleichgültigkeit reagiert und auch gleichgültig sich selbst gegenüber wird: »Fuck the world!«

Und von dort aus ist der Weg zu selbstdestruktivem Verhalten nicht mehr weit.

Wenn Sie nach ein paar Tagen spüren, dass Sie sprichwörtlich »leer« sind, weil Sie sich aller Worte und Gefühle entledigt haben – abgesehen von der Trauer, dem Schmerz und der Liebe –, ist die Zeit reif, sich damit zu beschäftigen, wie es ihm geht und in den letzten Jahren ergangen ist. Womöglich brauchen Sie dazu professionelle Hilfe, doch bezweifle ich, dass er damit einverstanden sein wird.

Der Kern dieser Gespräche wird sicherlich sein, dass er größere Freiheit, weniger Einmischung und Kontrolle und viel mehr Vertrauen verlangt – und das sind auch tatsächlich die Dinge, die er braucht. Er konnte nicht erwachsen werden, ohne Sie zu kränken, doch nun ist es für Sie an der Zeit, ihn loszulassen und Ihre alte Mutterrolle aufzugeben. In *dieser Rolle* braucht er Sie nicht mehr, doch braucht er Sie umso mehr als Sparringspartnerin und liebevolle Zeugin seines Lebens.

Wenn Sie Probleme haben, ihm zu vertrauen, so möchte ich Ihnen sicherheitshalber sagen, welche Art von Vertrauen ich meine: Ihr absolutes Vertrauen darin, dass er das Beste tut, was ihm möglich ist – und zwar mit den Karten, die ihm das Leben in die Hand gegeben hat. Wir wissen alle, dass das Blatt nie perfekt ist, doch können Sie ruhig schlafen, in der Gewissheit, einen enormen Einsatz geleistet zu haben, der dazu beigetragen hat, ihn dorthin zu bringen, wo er sich heute befindet. Mehr kann niemand von Ihnen verlangen, doch die Belohnung wird sich erst einstellen, wenn er die letzte Wegstrecke allein gegangen und ein erwachsener Mann geworden ist, der seine Mutter mehr mit Stolz als mit Kummer erfüllt. Das kann noch zehn Jahre dauern, aber es lohnt sich, darauf zu warten.

»Der Kühlschrank ist leer«: Seinen eigenen Weg finden

LIEBER JESPER JUUL,

ich habe große Schwierigkeiten mit mir selbst. Ich habe Angst davor, was andere über mich denken, und das hemmt mich so im Alltag, dass ich ein sehr begrenztes Leben führe. Ich traue mich nie, ganz ich selbst zu sein, und traue mich auch nicht, ein guter Schüler zu sein, damit andere nicht denken, ich würde Tag und Nacht pauken. Das führt natürlich dazu, dass ich sehr egozentrisch, niedergeschlagen und gereizt bin.

Vielleicht ist das ja auch ziemlich normal, wenn man 17 Jahre alt ist, aber die Sache ist die, dass meine beiden Brüder (20 und 23 Jahre) genau dieselben Verhaltensmuster zeigen. Beide nehmen Antidepressiva und haben im Großen und Ganzen dieselben Schwierigkeiten wie ich. Der Älteste hat jetzt eine Ausbildung angefangen, aber seine sozialen Probleme machen ihm so zu schaffen, dass er den Job vermutlich bald hinschmeißen wird. Eine andere Ausbildung hat er ebenfalls nach ein paar Wochen wieder abgebrochen. Mein mittlerer Bruder ist sozial vollkommen isoliert, hockt nur vor seinen Computerspielen und meidet jeden Kontakt mit anderen Menschen.

Ich bin mir sicher, dass es etwas mit meinen Eltern zu tun hat, weiß aber nicht genau, was. Kurz nach meiner Geburt hatte mein Vater einen psychischen Zusammenbruch, wurde vorübergehend in eine psychiatrische Klinik eingeliefert und hat seitdem nicht mehr gearbeitet. Er ist übergewichtig, sehr passiv, aber gutmütig und clever.

Meine Mutter hat sozial überhaupt keine Schwierigkeiten. Sie hat eine Menge Freunde und tut alles für ihre Familie. Dennoch sagt sie, dass sie wegen ihrer Überlastung ständig erschöpft ist und sich scheiden lassen will. Ihr Familienleben hat sie sich bestimmt mal anders vorgestellt, und eigentlich tut sie mir leid. Wir sind im Allgemeinen sehr offen in unserer Familie und reden über viele Dinge. Oft geht es dabei um unsere psychischen Probleme, und meine Mutter versucht, gute Ratschläge zu geben, wo sie nur kann. Doch irgendwie scheinen wir unersättlich zu sein, irgendwo in mir gibt es so viel Selbsthass und Bitterkeit und Minderwertigkeitsgefühle, dass die Zuwendung einer anderen Person einfach nicht ausreicht, um das zu ändern. Und eigentlich scheint mir auch keiner richtig zuzuhören, wenn ich erzähle, wie es mir geht.

Ich weiß nicht, was ich machen soll. Sollte ich mich von meiner Familie befreien und einfach ausziehen? Was können wir in unserer Familie tun, um unser Selbstwertgefühl zu steigern? Ich beobachte, wie andere ihr Leben meistern, sich Freundinnen zulegen, gute Noten haben und wissen, was sie wollen. Ich weiß, dass ich stark bin, aber ich muss jemand finden, der mir dabei hilft, mir den Glauben an mich selbst zu geben.

Über eine Antwort würde ich mich sehr freuen.

ANTWORT

Ich habe einmal jemand in deinem Alter kennengelernt, der festgenommen wurde, weil er in mehrere Sommerhäuser eingebrochen war. Er war gerade aus einem Jugendheim weggelaufen und war in die Häuser eingebrochen, weil er hoffte, dort etwas zu essen zu finden. Schließlich hatte er selbst die Polizei angerufen, weil er sich Zugang zu einem Haus mit einem riesigen Vorratskeller verschafft hatte, der bis zum Rand mit Lebensmitteln gefüllt gewesen war. Doch aufgrund eines schweren gusseisernen Gitters, das sich nicht öffnen ließ, kam er nicht an die Lebensmittel heran.

Er sagte zu mir: »Es ist kein Problem, in ein Haus einzubrechen und zu entdecken, dass es dort nichts zu essen gibt. Dann versucht man es eben beim nächsten Haus. Doch auf der Treppe zu sitzen und all die Herrlichkeiten direkt vor Augen zu haben, ohne an sie heranzukommen, hat mir einfach den Rest gegeben.«

In mancher Hinsicht ähnelt deine Situation der dieses jungen Mannes. Er sah einen Vorratsraum, der voller Nahrung war, die er dringend brauchte, und in deiner Familie ist der Vorratskeller bzw. der Kühlschrank leer. Das ist er schon seit langer Zeit, doch ist ein Kind kaum in der Lage, das zu akzeptieren. In der Fantasie des Kindes haben die Eltern alles, was das Kind braucht. Ist das nicht der Fall, macht es sich selbst Vorwürfe oder findet sich damit ab, an der Hungergrenze zu leben.

Ich kann nicht entscheiden, ob du ausziehen und mit deinen Eltern brechen solltest, doch wäre es eine fantastische Sache für dich, wenn du der Realität ins Gesicht sehen und die Hoffnung aufgeben würdest, dass der Kühlschrank plötzlich prall gefüllt mit all deinen Lieblingsspeisen sein wird. Das wird niemals geschehen. Du hast die Familie, die du hast, und bist zwar noch gerade mit dem Leben davongekommen, aber das »richtige« Leben hat bei dir (und den anderen) quasi noch nicht begonnen.

Dein Brief vermittelt mir den Eindruck, dass du vieles durchschaust, nur noch nicht die entscheidenden Schritte unternommen hast, um dich aus deiner gegenwärtigen Situation zu befreien. Bevor du dazu in der Lage bist, wirst du wohl einige Zeit und emotionale Energie darauf verwenden müssen, dich zu »verabschieden«. Nicht nur von deinen Eltern, sondern vor allem von deinen Träumen, dass sie dir das geben können, was du brauchst.

Es ist oft ebenso schwierig, sich von einer Fantasie zu verabschieden wie von einem geliebten Menschen, der tatsächlich gestorben ist. Dazu musst du deinen Zorn und deine Trauer spüren und zum Ausdruck bringen, und vermutlich wäre es das

Beste, du würdest dies zusammen mit einem erfahrenen und empathischen Psychologen/Psychotherapeuten tun. Deine Fantasie ist ein alter Freund, den du bereits dein Leben lang kennst. Auch wenn dein Gehirn dir sagt, dass eine bestimmte Vorstellung vollkommen unrealistisch ist, wird es schmerzhaft sein, sich von ihr zu verabschieden. Falls du das allein tun willst, läufst du Gefahr, mit großen Ängsten konfrontiert zu werden – Ängste, die du nicht versuchen solltest, allein in den Griff zu bekommen.

Wie dein Verhältnis zu deinen Eltern und Geschwistern in Zukunft aussehen wird, lässt sich unmöglich vorhersagen, ehe du nicht deine Fantasievorstellungen begraben und eine Weile ihren Verlust betrauert hast. Doch eines schönen Tages wirst du spüren, wie dein Körper von neuer Energie durchflutet wird, und dies wird das Signal sein, dass du nun frei bist und ein neues Leben beginnen kannst. Das Fundament dieses neuen Lebens wird zunächst nicht besonders belastbar sein, aber dieses Los teilst du mit Tausenden von Menschen, die ebenfalls nicht aus Musterfamilien stammen.

Man könnte natürlich darüber diskutieren, ob deine Eltern dir und deinen Geschwistern nicht ein besseres Leben hätten bieten können, aber so eine Diskussion würde niemand nützen. Deine Eltern haben ihr Leben gelebt, so gut sie es vermochten, und ihr Kinder habt ihr Leben sicher mehr bereichert als sie eures.

Es wäre eine große Hilfe für dich, wenn deine Eltern zu dieser Tatsache stehen würden, aber das wäre vermutlich zu viel verlangt. Die Einsamkeit und Hilflosigkeit deiner Mutter ist groß, und dein Vater muss mit enormen Schuldgefühlen leben – sowohl seinen Kindern als auch seiner Frau gegenüber. Sie haben also beide jede Menge mit sich selbst zu tun, und das wird auch sicher so bleiben, auch wenn deine Mutter sich scheiden ließe. Du bist schon immer einsam gewesen, also brauchst du die Einsamkeit nicht zu fürchten. Alles, was du fürchten musst, ist die Resignation.

Umgang mit Alkohol

LIEBER JESPER JUUL,

loszulassen und Vertrauen zu haben ist oft nicht einfach. Von unseren drei Jungs sind zwei bereits 16 und 17 Jahre alt und deutlich keine kleinen Kinder mehr. Wir Eltern bekommen den Drang unserer Söhne, ihre Flügel auszubreiten, um allen Abenteuern, die die Erwachsenenwelt zu bieten hat, entgegenfliegen zu können, stark zu spüren. Dabei bleiben unterschiedliche Ansichten selbstverständlich nicht aus. Einer unserer ständigen Reibungspunkte ist der Hang der Jungs, bei Treffen mit Freunden gerne und nicht immer wenig Alkohol zu konsumieren. Bis sie 16 wurden, missachteten sie des Öfteren unsere Vorgabe, dass Alkohol überhaupt tabu sei. Gegen unser Verbot kämpften sie mit vielen Argumenten, insbesondere mit dem, dass man überall auf der Straße Jugendliche sehen könne, die mit Bierflaschen in der Hand unterwegs seien, und wie unzeitgemäß doch unsere Einstellung wäre. Mit dem Erreichen des ersehnten 16. Lebensjahrs wollten meine Frau und ich unseren Jungs aber trotzdem keine ausufernden Alkoholexzesse zubilligen, sondern stellten uns einen kontrollierten, gemäßigten Umgang mit Alkohol vor. Sie können sich sicher vorstellen, dass hier unterschiedliche Ansichten aufeinander prallten.

Es ist nicht leicht, wenn man als antiquiert und hinterwäldlerisch abgestempelt wird, weil man letztlich Sorge hat um seine Kinder. Noch weniger möchte man ihnen den Spaß verderben, muss aber zunehmend auch noch mit den schlechten Vorbildern der Erwachsenen klarkommen, die genauso in öffentlichen Verkehrsmitteln ihre Feierabendbierchen trinken.

Ich würde mich freuen, wenn Sie zu diesem Dilemma etwas schreiben könnten. Wie sagen doch meine Jungs so schön? Du kannst die Augen vor dem Alkohol nicht verschließen, Spaß muss sein.

Ein Vater

ANTWORT

Die Qualitäten eines Vaters bemessen sich nicht nach den Regeln, die er seinen Söhnen vorgibt, sondern nach der Art seiner Reaktion, wenn diese Regeln gebrochen werden. Das bedeutet nicht, dass ein Regelbruch glorifiziert werden soll oder dass man von vornherein darauf verzichten könnte, für einen gewissen Ordnungsrahmen zu sorgen. Denn dieser Rahmen, dem jeder Jugendliche im Grunde seines Herzens positiv gegenübersteht, ist doch Ausdruck der Fürsorge und Besorgnis der Eltern und zwingt die Jugendlichen ihrerseits, eine bestimmte Haltung einzunehmen und Verantwortung für ihr eigenes Handeln an den Tag zu legen.

Es bedarf einiger Jahre in diesem Spannungsfeld von Liebe, Freiheitsdrang, Angst und Besorgnis, damit die Jugendlichen erwachsen werden und ihre Erwachsenen loslassen können.

Für Sie und Ihre Frau ist der Alkohol zum primären Feind geworden, und die Angst vor dem Alkoholmissbrauch Ihrer Söhne liefert Ihnen die Energie, den Kampf gegen diesen Feind aufrechtzuerhalten.

Sie können sich glücklich schätzen, Söhne zu haben, die zu ihrem eigenen Verhalten stehen, was einiges über *Ihren* Erziehungsstil in den ersten zehn bis zwölf Lebensjahren Ihrer Kinder aussagt. Diese suchen die offene Diskussion mit Ihnen, statt sich zu verstellen oder Sie anzulügen. Das würde ich an Ihrer Stelle mit einem »kleinen Gläschen« feiern!

Missbrauch und Abhängigkeit sind ein furchtbares Schicksal, und wir wissen inzwischen, dass Jugendliche wie Erwachsene von verschiedensten Dingen abhängig werden können: von

Alkohol, Drogen, Shopping, Sex, Computerspielen, Internetsurfen, Psychopharmaka, Glücksspielen etc. Der missbräuchliche Konsum der Erwachsenen übersteigt den Missbrauch der Jugendlichen um ein Vielfaches, hat jedoch dieselben Ursachen: ein niedriges Selbstwertgefühl, ein negatives Selbstbild und die mangelnde Fähigkeit, mit den Höhen und Tiefen im Leben zurechtzukommen.

Das bedeutet, dass der Einsatz der Eltern in den ersten zehn bis zwölf Lebensjahren ihrer Kinder entscheidend für deren weiteres Schicksal ist. Auch muss man Eltern davor warnen, angesichts ihrer halbwüchsigen Sprösslinge in eine erzieherische Torschlusspanik zu verfallen und Versäumtes jetzt nachholen zu wollen.

Ihre Söhne kennen Ihre Einstellung zur Kombination Jugend und Alkohol ganz genau, und das ist wichtig! Sie können sicher sein, dass Ihre Haltung ernst genommen wird und Ihre Kinder im Stillen mit sich zurate gehen oder mit Freunden darüber diskutieren. In Ihrer Familie hat dies vorläufig dazu geführt, dass Ihre Söhne sich entschlossen haben, Ihnen in einem bestimmten Punkt nicht zu folgen. Die beiden konfrontieren Sie im Moment sowohl intellektuell als auch faktisch mit der Tatsache, dass sie hin und wieder Alkohol trinken.

Das deutet darauf hin, dass drei Dinge intakt sind: Ihre Beziehung zueinander sowie das Selbstwertgefühl und das Selbstbild Ihrer Söhne. Sie haben als Vater bisher einen großen Einfluss ausgeübt und im besten Sinne »Eindruck« auf Ihre Söhne gemacht. Folglich werden auch die kommenden Jahre ebenso qualitätvoll verlaufen, sofern es Ihnen gelingt, an Ihrer Rolle als Sparringspartner für Ihre Kinder festzuhalten, statt der Versuchung zu erliegen, diese mit der Rolle von Polizisten und Richtern zu tauschen.

Das, was heute gemeinhin als »Komasaufen« bezeichnet wird, hat es bei Jugendlichen und jungen Männern schon immer gegeben. Früher fand dies allerdings im Verborgenen statt, was es vielen Eltern ermöglichte, davor die Augen zu verschließen. Heutzutage sind viele Eltern gezwungen, zu diesem Thema ebenso Stellung zu beziehen wie zum Thema der offenen Sexualität.

Traditionellerweise haben Eltern darauf mit Verboten, Konsequenzen und Strafen reagiert, was ihre Kinder aber nur in Ausnahmefällen dazu gebracht hat, ihr Verhalten zu ändern. Daher fühlen wir uns oft hilflos, wenn wir die jungen Menschen nicht dazu bringen können, sich so zu verhalten, wie wir es für richtig halten. Doch ist dies letztlich eine glückliche Entwicklung, von der die zukünftige Beziehung zu unseren Kindern noch sehr profitieren wird.

Mein Fazit ist also, dass die Eltern Ihrer Kinder ganz hervorragende Arbeit geleistet haben und daher nicht der geringste Grund zu Angst und Besorgnis besteht. Hingegen besteht eine solide Grundlage für weitere Gespräche, Diskussionen und Konflikte, die beiden Seiten helfen werden, zu wachsen und ihre Einsichten zu mehren.

Der Vater muss auf die Bühne!

LIEBER JESPER JUUL,

die Mutterrolle ist manchmal sehr schwierig!

Ich bin Mutter von drei Kindern. Das älteste ist bereits ausgezogen. Zu Hause wohnen weiterhin der 14-jährige A und der 10-jährige B, beides Jungen. Da ihr Vater nur selten da ist, bin ich zu Hause weitgehend auf mich allein gestellt.

Die Entwicklung von A macht mir Sorgen. Er war immer ein wissbegieriger und aufgeweckter Junge. Seine ersten vier Schuljahre verbrachte er auf einer internationalen Schule, auf der es ihm gut gefallen hat. Vor vier Jahren sind wir dann nach Norwegen zurückgezogen, wodurch sich sein Schulalltag sehr verändert hat. Von seinen Lehrern und Mitschülern wurde er als »Nerd« (Anm. d. Übers.: Streber, Sonderling) betrachtet, weil er auf den meisten Gebieten einen großen Wissensvorsprung hatte und gewohnt war, das zu tun, was die Lehrer von ihm verlangten. Es hat lange gebraucht, um sich auf die neuen Gegebenheiten einzustellen, doch in der drei Jahre währenden Mittelstufe hat er sich allmählich dem Stil seiner Klasse angepasst und ist, was das Lernen betrifft, sehr nachlässig geworden.

Dieses Verhalten hat inzwischen auf die meisten Lebensbereiche abgefärbt. Er versucht alle Dinge mit möglichst geringem Aufwand zu erledigen, macht seine Hausaufgaben nicht mehr, ist schlampig gekleidet, lässt seine Schnürsenkel offen, räumt nicht auf und hilft nicht mit, es sei denn, er wird direkt gefragt. Eine gewisse Leidenschaft entwickelt er nur beim Computerspiel, beim Skifahren und im Zusammensein mit seinen Freunden.

Diese Situation bringt mich zur Verzweiflung, weil ich erleben muss, wie er sein Talent verschleudert. Ich bin eigentlich nicht der Typ, der zu Hause ein hartes Regiment führt, vor allem nicht gegenüber einem 14-jährigen Jugendlichen. Dennoch habe ich das entschiedene Gefühl, dass ich in der Erziehung einen anderen Kurs einschlagen muss. So, wie es jetzt ist, lebt er nur in den Tag hinein, ohne die langfristigen Folgen seines Verhaltens zu bedenken. Was kann ich tun?

Eine ratlose Mutter

ANTWORT

Es ist nicht leicht, Ihnen zu helfen, ohne Ihre Familie näher zu kennen. Doch lassen Sie mich trotzdem ein paar qualifizierte Vermutungen äußern, die auf dem basieren, was ich im langjährigen Umgang mit Diplomatenfamilien erfahren habe, die sich alle vier Jahre an ein neues Milieu gewöhnen müssen und irgendwann in ihr Heimatland zurückkehren. Aber zunächst etwas zu A und seinem Vater.

Die allermeisten Kinder haben nur zu *einem* Elternteil ein besonders ausgeprägtes Verhältnis, und das hat nichts mit Liebe oder dem täglichen Miteinander zu tun. In aller Kürze bedeutet dies, dass es dieser Elternteil ist, auf den das Kind seine Existenz maßgeblich ausrichtet. Steht dieser Elternteil nicht zur Verfügung, muss es allein zurechtkommen. Der andere Elternteil kann dies nicht kompensieren. Ich vermute, dass A ein solches Verhältnis zu seinem Vater hat. Vielleicht *vermisst* er ihn auf emotionaler Ebene, vielleicht auch nicht, aber das Entscheidende ist, dass er ihn *entbehren* muss – als Inspirationsquelle und Rollenvorbild. Das gilt vor allem für die Pubertät, in der er eben nicht von seiner Mutter lernen kann, was es heißt, Mann zu sein. Auch die liebevollste Mutter kann einen abwesenden Vater nicht ersetzen. Im Grunde müsste Ihr Mann zu Hause also sehr viel präsenter sein – nicht als Erzieher, sondern als erwachsener Gefährte und primäre Bezugsperson.

Zum ersten Mal hat A dieses Bedürfnis vermutlich sehr stark gespürt, nachdem Sie in Ihr Heimatland zurückgezogen waren. Die internationalen, amerikanisch geprägten Schulen haben eine ganze eigene Kultur, in der großer Wert auf Leistung und Ehrgeiz gelegt wird, und unsere nordischen Schulen sind meist sehr schlecht darauf vorbereitet, Schülern, die von solchen Schulen kommen, ein sinnvolles fachliches Angebot zu machen und die sozialen Umstellungsschwierigkeiten aufzufangen.

Ihr Mann hat diesen Integrationsprozess offenbar A und Ihnen überlassen, was eine große Einsamkeit bei A zur Folge hatte, der sich schließlich neue Freunde als Bezugspersonen gewählt hat. Das soll keine Kritik an Ihren Bemühungen als Mutter sein, sondern eine Feststellung, dass es sich um eine Aufgabe handelte, die nur der Vater gemeinsam mit seinem Sohn hätte lösen können.

Was die Schule betrifft, hat A ebenso reagiert: Wenn ihr mich und meine Bedürfnisse nicht ernst nehmt, warum sollte ich dann eure Forderungen erfüllen? Er behandelt die Schule in derselben Art und Weise, wie sie ihn behandelt hat. Dass wir Erwachsenen die Kurzsichtigkeit dieses Verhaltens sehen, versteht sich von selbst.

Ich vermute, dass Ihr Mann (wie viele andere Männer auch) mehr in und für die Zukunft lebt als in der Gegenwart. Ein Verhalten, das weder seiner eigenen Lebensqualität noch seiner Familie zugutekommt. Daher ist es in gewisser Weise verständlich und klug, dass sich A für eine andere Lebenseinstellung entscheidet. Nicht als bewusster Protest, sondern als logische Konsequenz daraus, dass er seinen Vater in wichtigen Phasen seiner Entwicklung entbehren musste.

Er mag seine Talente und seine Ausbildung vernachlässigen, doch in existenzieller Hinsicht tut er das Beste, was er kann: Er akzeptiert seine familiäre Einsamkeit, ohne seine Familie anzugreifen oder zu zerstören, und konzentriert sich ganz darauf, was seinem Leben einen Sinn verleiht. Vielleicht handhabt er sein Leben zurzeit nicht besonders intelligent, aber sehr klug! Ich bin optimistisch, dass sein Verhalten in drei, vier Jahren wieder sehr viel konstruktiver sein wird, wenn Sie seine Einsamkeit und ihre logische Folge – dass er seine eigenen Entscheidungen trifft – akzeptieren und anerkennen.

Ihre äußerst wichtige Rolle besteht darin, dass er diesen Weg nicht *allein* gehen muss. Sie können für ihn da sein, wenn dieser Weg besonders schmerzhaft ist und er um Fürsorge bittet. Sie sollten dies nur nicht dadurch kompensieren, dass Sie ihn zu sehr bemuttern!

Wenn Sie etwas ändern wollen, können Sie das nicht allein tun. Falls das, was ich geschrieben habe, überhaupt relevant für Sie ist, schlage ich vor, dass Sie einen Familienrat einberufen und Ihrem Mann und Ihren Kindern mein Schreiben laut vorlesen. Machen Sie ihre Reaktionen und Kommentare zum Ausgangspunkt eines Dialogs.

Es ist für Ihren Mann nie zu spät, ein Bestandteil im Leben seines Sohnes zu werden, doch nur, falls er dies selbst vermisst. Er soll keinesfalls »Vater spielen«, um A wieder aufs rechte Gleis zu bringen. Vielleicht kann Ihr Mann seinem Sohn nicht mehr anbieten, als er bereits getan hat. Dann muss A eben irgendwie damit zurechtkommen, dass sein Vater so ist, wie er ist. Das macht Ihren Mann nicht zu einem schlechten Menschen oder einem unfähigen Vater, doch muss er die Verantwortung für das übernehmen, was er *nicht* ist, und seinem Sohn die Freiheit lassen, seinen eigenen Weg zu finden.

Die Gemeinsamkeit zwischen Vater und Sohn besteht derzeit darin, dass ihr Lebensstil ihnen wichtiger ist als das Leben selbst. Und dass der Lebensstil des Sohnes sich fundamental von dem des Vaters unterscheidet, ist vollkommen logisch. Entweder muss die Familie lernen, das zu akzeptieren, oder A zu ihrem schwarzen Schaf erklären.

Aufgrund der vielen Länder, in denen Sie gewohnt haben, liegt bei Ihnen zwar eine besondere Familiensituation vor, doch ist es gar nichts Besonderes, dass Ihr Sohn eine enge Beziehung zu seinem Vater vermisst. Es gibt zahlreiche Familien, in denen sich Vater und Sohn täglich sehen und die Mutter sich dennoch um sämtliche familiären Dinge kümmert und darin nur symbolisch von ihrem Mann unterstützt wird.

Der Begriff der »abwesenden Väter« zieht sich durch unsere europäische Geschichte, doch die Kinder und Jugendlichen von heute haben glücklicherweise sehr viel größere Möglichkeiten, ihre Frustration zum Ausdruck zu bringen und/oder ihre eigenen Wege zu finden, als dies noch vor einer Generation möglich war. Manche würden Ihren Mann vielleicht als schlechtes Vorbild für seinen Sohn bezeichnen, doch auch von schlechten Vorbildern kann man viel lernen!

Gemeinsames Heim oder Hotel?

LIEBER JESPER JUUL,

wir haben einen 15-jährigen Sohn, der uns einige Sorgen bereitet. Er ist in vieler Hinsicht ein guter Junge, der keine Schwierigkeiten in der Schule oder mit seinen Klassenkameraden hat. Seine große Leidenschaft sind Computerspiele, die er gemeinsam mit anderen Jugendlichen auf der ganzen Welt spielt. Darüber hinaus geht er auch noch zum Fußball und zum Judo.

Das Problem besteht für uns darin, dass er überhaupt keine Lust hat, im Haushalt auch nur ein bisschen mitzuhelfen. Da er unser einziges Kind ist, haben wir früher nie großen Wert darauf gelegt, dass er irgendwelche häuslichen Pflichten übernimmt. Doch inzwischen bereue ich das, weil ich erlebe, dass er alles als selbstverständlich betrachtet, was ich für ihn tue (ob ich mich nun um seine Wäsche kümmere oder ihm etwas zu essen mache).

Es kränkt mich, dass er nicht mal in der Lage ist, seine schmutzige Wäsche in den Wäschekorb zu werfen, und niemals von sich aus anbietet, uns beim Einkaufen, beim Abwasch etc. zu helfen.

Jetzt fragen wir uns, ob wir ihn nicht allzu sehr verwöhnt haben, beziehungsweise was man von einem 15-Jährigen überhaupt verlangen kann.

Mit freundlichen Grüßen
Eine frustrierte Mutter

WAS KÖNNTE AUF DIESE FRAGE EINE NÜTZLICHE ANTWORT SEIN?

Einige Eltern werden von großer Unsicherheit geplagt, wenn es darum geht, welche Forderungen sie an ihre großen, zu Hause wohnenden Kinder stellen dürfen. Eine Mutter erzählte mir kürzlich, ihr 16-jähriger Sohn benähme sich so, als sei er in einem Hotel und sie das Dienstmädchen. Er hingegen denke nicht im Traum daran, der Gemeinschaft irgendeinen Dienst zu erweisen. Er kommt und geht, wann es ihm passt, sagt fast nie Bescheid, ob er zum Abendessen wieder zu Hause sein wird, erwartet jedoch weiterhin, dass man sich um seine Wäsche kümmert, sein Bett neu bezieht, ihn bei Bedarf mit dem Auto hierhin und dorthin fährt und seine Freunde gleich mitversorgt, wenn sie bei ihm zu Besuch sind.

Die Mutter erzählte mir, dass weder sie noch ihr Mann es für nötig befunden hatten, ihrem einzigen Kind häusliche Pflichten aufzuerlegen. »Solange er in der Schule gut zurechtkam und seinen Hobbys nachging, waren wir einfach froh, für den Rest zu sorgen.«

Seit ich Familientherapeut bin, haben mir frustrierte Eltern immer wieder ihr Leid darüber geklagt, dass ihre Kinder sich benähmen, als wohnten sie in einem Hotel. Meine – zugegeben – ein wenig schroffe Antwort lautet meistens, dass Jugendliche dies in der Regel tun, wenn ihre Eltern ihnen auch nicht mehr angeboten haben, als ein Hotel seinen Gästen anbietet, nämlich guten Service.

Kinder kooperieren stets sowohl mit dem »inneren« wie mit dem »äußeren« Verhalten ihrer Eltern, und wenn diese sich zu Dienstleistern ihrer Kinder machen und sie als Gäste behandeln, werden sich die Kinder nach und nach in diese Rolle fügen.

In gewisser Weise ist das natürlich äußerst ungerecht. Schließlich haben die Eltern ihrem Sohn ein riesiges Maß an Liebe und

Fürsorge zukommen lassen – zwei Qualitäten, die ein Hotel nicht bietet.

Das Problem besteht jedoch darin, dass die Liebe der Eltern stets in einer Form zum Ausdruck kommt, an die Kinder sich gewöhnen. In dieser Familie haben sich die Eltern dafür entschieden, ihre Liebe als »Serviceleistung« zum Ausdruck zu bringen, doch Service ist etwas anderes als Liebe. Service ist Service. Das bedeutet nicht, dass er kein warmes Gefühl in den Herzen der Eltern entfacht, doch enthält er nicht die Nährstoffe, die ein Kind braucht, um zu wachsen und sich gesund zu entwickeln. Mit anderen Worten: Das Verhalten der Eltern war gut gemeint, doch nicht durchdacht genug.

In einer Einzelkindfamilie können die Eltern den häuslichen Tätigkeiten meist problemlos nachkommen, ohne das Kind daran zu beteiligen. Bei mehreren Kindern sieht die Sache schon anders aus. Früher sagte man, es sei »gesund für Kinder«, Pflichten zu haben, was sowohl richtig als auch falsch ist. Es ist gesund für Kinder, wenn sie erleben, dass sie einen wertvollen Beitrag für die Gemeinschaft leisten. Aber eine Pflicht um der Pflicht Willen zu erfüllen, gibt niemand das Gefühl, wertvoll zu sein.

Der 15-Jährige, um den es hier geht, war im Grunde genauso hilfsbereit und willig, einen Beitrag für die Gemeinschaft zu leisten, wie alle anderen Kinder auch, doch seine Eltern waren der Meinung, er solle lieber Fußball spielen, sich um die Schule kümmern und mit seinen Freunden zusammen sein. Sie haben sich sehr darum bemüht, einen wertvollen Beitrag zu *seinem* Leben zu leisten, dabei jedoch außer Acht gelassen, dass auch *er* das Gefühl haben möchte, wertvoll für die Gemeinschaft zu sein.

So ist das oft mit uns Eltern. Wir sind so sehr darauf fixiert, was wir unseren Kindern geben wollen, dass wir das Bedürfnis der Kinder übersehen, *uns* etwas zu geben – um für ein Gleichgewicht in der Beziehung zu sorgen. Doch Kinder sind unerfahren, und wenn wir insistieren, spüren sie nicht die unangenehme Seite des Ungleichgewichts.

Es ist wichtig, dass Kinder die Möglichkeit haben, einen aktiven Beitrag für die Gemeinschaft zu leisten. Es ist wichtig für ihre Selbstachtung, für die Entwicklung ihrer persönlichen und sozialen Verantwortung und für ihr Selbstwertgefühl. Ob wir das nun als »Pflichten« oder anders bezeichnen, hängt vor allem von der Einstellung der Eltern und ihrem Bedürfnis nach Ordnung und Struktur zusammen.

Wenn Kinder acht, neun Jahre alt sind, legen manche von ihnen einen wachsenden Unwillen an den Tag, einen Beitrag für die Gemeinschaft zu leisten, aber davon sollte man sich nicht verunsichern lassen. Das bedeutet nur, dass es so viel anderes gibt, was sie lieber täten. Und die Aufgaben, die zu Hause anfallen, sind in der Regel die, zu denen sie am wenigsten Lust haben. Was völlig in Ordnung ist. Sie brauchen auch keine Lust zu haben, sollen aber trotzdem ihren Beitrag leisten. Natürlich kann über die Menge und Art der Aufgaben diskutiert werden, doch auf Dauer hat niemand Freude daran, mit einem Gratisticket oder als blinder Passagier unterwegs zu sein.

Von einem 15-Jährigen kann man durchaus verlangen, dass er die Verantwortung für sich selbst übernimmt und sich um seine eigenen Dinge kümmert, zum Beispiel um seine Kleidung (waschen, trocknen, bügeln), seine Arbeit/Schule, die Sauberkeit seines Zimmers und seine Mobilität.

Hinzu kommen die Tätigkeiten, die der Gemeinschaft zugute kommen. In der konkreten Familie wird dies eine Reihe von ernsten Gesprächen zur Folge haben, in der die Eltern ihre eigenen Fehler einräumen, statt ihrem Sohn vorzuwerfen, mit ihrer Form der Liebe kooperiert zu haben.

Dies wird drei positive Effekte haben: Der Sohn lernt, Verantwortung für sich selbst zu übernehmen. Er leistet einen Beitrag für die Gemeinschaft und erfährt darüber hinaus, dass Liebe nicht nur nehmen, sondern auch geben heißt. Es ist immer noch so, dass die meisten Mädchen dies frühzeitig lernen, wohingegen selbst emanzipierte Mütter die Neigung haben, ihre Söhne so zu erziehen, dass sie diese lieber nicht als Schwiegersöhne hätten. Oftmals ergänzt durch passive Väter, die ihren Söhnen ein schlechtes Beispiel sind.

Eine solche Veränderung im Verhältnis zwischen Kindern und Eltern verlangt diesen viel ab. Ich habe noch nie erlebt, dass sich Kinder nicht nach kurzer Zeit neuen Gegebenheiten anpassen, jedoch umso häufiger, dass Eltern sich plötzlich in einer Art Vakuum befinden, in dem sie neue Wege finden müssen, ihre Liebe und Fürsorge zum Ausdruck zu bringen. Ein weiteres Beispiel dafür, wie inspirierend Kinder für die persönliche Entwicklung ihrer Eltern sind.

Aber ist es denn wirklich so, werden Sie jetzt vielleicht fragen, dass sich Eltern in gewisser Weise neu erfinden müssen?

Nein, nicht unbedingt. Es gibt nur selten Grund, die tägliche Praxis zu verändern, wenn die Erwachsenen fröhlich und zufrieden sind – unabhängig davon, was wir Experten meinen und schreiben. Doch falls die Eltern, wie in diesem Fall, unglücklich und frustriert sind, liegt es in ihrer Verantwortung, den Kurs zu ändern, wenn sie für den Rest ihres Lebens eine sinnvolle Beziehung zu ihrem Sohn haben wollen. Kinder aller Altersstufen kooperieren mit ihren Eltern. Sie passen sich an und übernehmen die Rollen, die gebraucht oder ihnen von ihren Eltern (oftmals unwillentlich) auferlegt werden.

Schulschwänzer

LIEBER JESPER JUUL,

wir schreiben Ihnen, weil wir nicht mehr wissen, wie wir mit unserer bald 15-jährigen Tochter noch umgehen sollen. Sie schwänzt oft die Schule und macht nie ihre Hausaufgaben. Abends ist sie meistens unterwegs und kommt selten zur vereinbarten Zeit nach Hause. (Wir haben jedoch keinen Verdacht, dass hier Drogen im Spiel sein könnten.)

Wir, ihre Eltern, haben beide das Abitur gemacht und betonen immer wieder, wie wichtig eine gute Ausbildung ist. Sie entgegnet, dass sie keinen Sinn darin sieht, zur Schule zu gehen, und keine besonderen Pläne für die Zukunft hat. Ihre Geschwister sind alle pflichtbewusst und gut in der Schule.

Wir haben schon alles Mögliche versucht, um sie zu veranlassen, ihre Hausaufgaben zu machen und ihren schulischen Pflichten nachzukommen: verschiedenste Sanktionen, Hausarrest, gestrichenes Taschengeld... Wir schreien und weinen, wir betteln und drohen, doch es nützt alles nichts.

Wenn eine Klassenarbeit oder irgendeine Prüfung ansteht, versuchen wir sie auf unterschiedlichste Weise dazu zu bringen, sich darauf vorzubereiten und den nötigen Stoff zu lernen. Manchmal setzt sie sich dann sogar für eine halbe Stunde hin und liest, doch in der Regel hat sie nicht einmal Lust, ihre Schulbücher mit nach Hause zu schleppen. Wir bieten ihr oft an, sie bei der Vorbereitung zu unterstützen, aber davon will sie nichts wissen.

Ihre Zeugnisse zu lesen ist frustrierend, ihre Noten werden mit jedem Halbjahr schlechter. Inzwischen fragen wir uns, ob wir sie nicht einfach in Ruhe lassen sollten, um ihr die Möglichkeit zu geben, selbst den richtigen Weg zu finden, oder haben wir Eltern die Pflicht, niemals aufzugeben? Haben wir eigentlich noch irgendeinen Einfluss auf ihre Entscheidungen, oder sind all unsere Ermahnungen womöglich kontraproduktiv?

Verzweifelte Eltern

ANTWORT

Die Antwort auf Ihre letzte Frage lautet Ja. All die Ermahnungen wirken zweifellos kontraproduktiv und tun dies schon seit langer Zeit. Aber die Alternative besteht nicht darin, aufzugeben.

Bei der derzeitigen Situation wächst der Abstand zwischen Ihnen und Ihrer Tochter fast mit jedem Satz, der gesprochen wird. Das hat verschiedene Ursachen.

Zum einen sagen Sie Dinge zu ihr, die sie schon weiß, und zwar seit vielen Jahren. Daher muss sie das Gefühl bekommen, von Ihnen für dumm gehalten zu werden.

Zum anderen sind Sie mehr damit beschäftigt, verantwortungsvolle Eltern zu sein, als herauszufinden, wer Ihre Tochter eigentlich ist und wie es ihr geht.

Zum Dritten haben Sie die Ausbildung Ihrer Tochter und ihre berufliche Zukunft zu Ihrem eigenen Projekt gemacht. Daher besteht für Ihre Tochter kein Grund mehr, das Projekt selbst in die Hand zu nehmen. Und da Sie nicht wissen, wer Ihre Tochter eigentlich ist, wirken Ihre Behauptungen, was das Beste für sie sei, natürlich unglaubwürdig – auch wenn sie, generell betrachtet, recht vernünftig sein mögen.

Bevor ich auf die Alternative zu sprechen komme, möchte ich Sie bitten, Ihre Fantasie spielen zu lassen: Stellen Sie sich vor, dass einer von Ihnen allmählich die Lust, die Energie und Motivation verliert, seiner Arbeit nachzugehen, und sich stattdessen in Tagträumen über ein anderes Leben verliert. Was würden Sie in diesem Fall zu Ihrem Partner sagen?

Würden Sie ihm in Erinnerung rufen, wie wichtig es ist, Geld zu verdienen? Würden Sie das Schreckgespenst der Arbeitslosigkeit an die Wand malen oder mit Scheidung drohen? Vermutlich nicht.

Obwohl uns solche Krisen stets ängstigen und zunächst konservativ reagieren lassen, würden Sie vermutlich viele lange und ernste Gespräche über die Möglichkeiten führen, wie sich das Leben für Ihren geliebten Partner verbessern ließe – auch wenn dieses Leben anders aussähe, als alle es sich einst vorgestellt hatten. Damit würden Sie zu gegenseitigen Sparringspartnern, und dies ist genau die Rolle, die Sie nun gegenüber Ihrer Tochter einnehmen sollten.

Sie hat in der gegenwärtigen Situation keinen Bedarf an penetranten Erziehern oder besserwisserischen Eltern. Hingegen braucht sie Hilfe und Unterstützung, um der Mensch zu werden, der sie ist und gern sein möchte – ohne das Gefühl zu haben, ihre Eltern zu enttäuschen, und ohne tonnenweise Schuldgefühle aufgebürdet zu bekommen.

Ihre Tochter weiß seit geraumer Zeit, wie wichtig Ihnen Schule und Ausbildung sind. Und eines können Sie mir glauben: Das gegenwärtige Verhalten Ihrer Tochter erfordert nicht nur großen Mut, sondern auch ungeahnte Kräfte.

In der Hoffnung, dass Sie das Vertrauen Ihrer Tochter noch nicht verloren haben, möchte ich vorschlagen, dass Sie sich zusammensetzen und die Karten auf den Tisch legen. Sie könnten in etwa Folgendes zu ihr sagen:

»Dass du keine Lust mehr hast, zur Schule zu gehen, und auch keinen Sinn mehr darin siehst, hat uns völlig verunsichert. Außerdem hat unsere Angst und Sorge uns so egozentrisch gemacht, dass wir deinen Gedanken und Gefühlen viel zu wenig Aufmerksamkeit geschenkt haben. Das tut uns sehr leid! Wir wollen jetzt versuchen, uns wie Erwachsene zu benehmen, statt eine abstrakte Elternrolle zu spielen.

Wir sind uns vollkommen darüber im Klaren, dass du die Verantwortung für deine Zukunft selbst übernehmen musst, doch möchten wir gerne ein sinnvoller Teil deines Lebens sein und dir helfen, wo wir nur können. Was für eine Hilfe hättest du gerne von uns?«

So wie alle anderen Jugendlichen kann Ihre Tochter alles allein, sollte aber nicht auf sich allein gestellt sein. Und sie braucht mehr denn je Ihre unbedingte Liebe und Ihr Vertrauen. Und zwar nicht das Vertrauen, dass sie so wird, wie Sie es sich vorgestellt haben, sondern das Vertrauen, dass sie ihr Bestes gibt, um »ein ordentlicher Mensch« zu werden.

Das bedeutet, dass sie ihrer inneren Stimme folgen muss und zwangsläufig eine Reihe von Entscheidungen treffen wird, die sich womöglich als wenig klug erweisen werden, sie aber dennoch klüger machen. Zu diesem Zeitpunkt in ihrem Leben, in dem die Gesellschaft von ihr erwartet, dass sie sich Wissen aneignet, wird sie vielmehr Klugheit und Lebenserfahrung erwerben.

Wenn unsere Kinder uns so rigoros mit der Realität konfrontieren wie Ihre Tochter, dann haben wir zwei Möglichkeiten: Entweder wir fahren unbeirrt mit unserer täglichen Routine fort, oder wir sehen uns selbst in die Augen und stellen uns wichtige Fragen wie zum Beispiel folgende:

- **Wie viel von dem, was wir in der Beziehung zu unserer Tochter tun und sagen, tun wir im Grunde, um unser eigenes Selbstbild, unser Image als verantwortungsbewusste Eltern aufrechtzuerhalten? Und wie viel davon ist wirklich ein Geschenk an sie – im vollen Bewusstsein ihrer eigenen Persönlichkeit?**
- **Traue ich mich, meine eigenen Wertvorstellungen zu hinterfragen, mich auf unsicheres Terrain zu begeben und mich damit derselben existenziellen Unsicherheit und demselben Schmerz auszusetzen wie jeder Teenager?**

Ihre Tochter setzt in diesem Moment sprichwörtlich ihre Existenz aufs Spiel, indem sie gegen Autoritäten und Normen aufbegehrt. Das ist etwas, das viele Menschen erst sehr viel später in ihrem Leben wagen, und oft auch nur, wenn sie durch große Krisen dazu gezwungen werden.

Ihr Verhalten ist also nicht gegen Sie gerichtet – sie tut alles für sich selbst! Je weniger persönlich Sie es nehmen, desto besser wird Ihre Beziehung zu ihr in den nächsten 40 Jahren sein.

Sie sollen Ihre eigenen Träume, Werte und Normen nicht aufgeben, aber die kennt Ihre Tochter in- und auswendig, weil sie in den ersten 15 Jahren ihres Lebens mit Ihnen kooperiert hat. Sie wird den nächsten zehn Jahren nicht unvorbereitet begegnen.

Jugendliche haben keinen ausgeprägten Bedarf an der aktiven Unterstützung ihrer Eltern, wenn ihr Leben sich harmonisch und einigermaßen in Übereinstimmung mit den Forderungen und Erwartungen ihrer Umwelt entwickelt. Doch benötigen sie die volle Unterstützung ihrer Eltern, wenn ihr Leben kompliziert und chaotisch wird und sie um jeden Millimeter ihrer neuen Identität kämpfen müssen.

Als erfahrene Erwachsene wissen wir allzu gut, dass es zwei Sorten von Freunden gibt: diejenigen, die uns den Rücken zukehren, wenn wir krank werden, uns scheiden lassen oder den Job verlieren, und diejenigen, die uns jederzeit mit Rat und Tat zur Seite stehen.

Ich hoffe, Sie können sich selbst dazu bringen, Ihrer Tochter solche Freunde zu sein.

DREI

Dialoge der Veränderung

Zehn Familien arbeiten mit Jesper Juul

Im Frühjahr 2009 fand in München ein zweitägiges familylab-Seminar mit dem Titel »Pubertät ist eine Tatsache, keine Krankheit« statt. Zehn Familien sprachen während dieser intensiven drei Tage sehr offen über ihre Situation und waren bereit, sich dabei filmen zu lassen. Es waren Mütter, Väter und Jugendliche zwischen zwölf und 20, die nach neuen Wegen des Miteinanders suchen. Die Familien, die in diesem Buch zitiert werden, wünschen sich eine Gemeinschaft, die ihr Bedürfnis nach Verbundenheit, nach Zugehörigkeit und Geborgenheit erfüllt und ebenso ihr Bedürfnis nach Wachstum, Autonomie, Freiheit und Entfaltung. Sie wollen in Beziehung miteinander sein, aber nicht ihre eigene Integrität zugunsten der anderen Familienmitglieder opfern. Das gilt für die Jugendlichen gegenüber den Eltern wie auch umgekehrt.

Die Dialoge, die Sie auf den nächsten Seiten lesen, folgen weitestgehend den Originalmitschnitten, die während des Seminars aufgenommen wurden. Um die Privatsphäre der Beteiligten zu schützen, wurden die Namen entfernt. Ansonsten wurden lediglich zur besseren Lesbarkeit wenige und sehr behutsame Veränderungen vorgenommen. Hier geht es um echte Familien mit ihren tatsächlichen Problemen. Die Authentizität der sich mal langsamer, mal schneller entwickelnden Gespräche und der sich dabei entfaltende Prozess bieten Chancen für die eigene Reflexion und Lernerfahrung. Welche Art von Fragen, welche Art von Sprache wirkt wie? Welche Haltung ermöglicht ein gleichwürdiges Gespräch?

Die Familien wurden vier Wochen nach dem Seminar noch einmal kontaktiert und um eine Rückmeldung gebeten, die in den meisten Fällen auch erfolgte und die sich den einzelnen Gesprächen anschließt.

FAMILIE 1

Patchworkfamilie, Verantwortlichkeit und Regeln

DABEI SIND: MUTTER, DER SOHN (15) UND DIE BEIDEN TÖCHTER (16, 19) DER MUTTER, DER VATER SOWIE DER SOHN (13) DES VATERS

JESPER JUUL: Ich möchte gerne, dass einer der beiden Eltern anfängt und sagt, was das Thema ist.

VATER: Das Problem in unserer Familie sind diese Nichtzuständigkeiten bei uns zu Hause. Jeder hat Bedürfnisse, jeder hat Wünsche, jeder hat sonstige Belange, die ihn betreffen, aber das Gesamte bleibt immer so ein bisschen außen vor, das ist so zweitrangig, drittrangig oder vielleicht auch völlig unwichtig. Wie vermittelt man, dass das, was die komplette Gemeinschaft – das Zusammenleben insgesamt – betrifft, dass das genauso wichtig ist, wie die eigenen Bedürfnisse?

JUUL (ZUR MUTTER): Kannst du ein bisschen was dazu sagen?

MUTTER: Wir leben jetzt als Patchworkfamilie zusammen. Was mir auffällt, ist, dass meine Kinder früher sehr verantwortlich im Miteinander waren, in der Mithilfe oder wenn wir gemeinsame Mahlzeiten vorbereitet haben. Jeder hat auch Seins dazu getan, freiwillig. Und jetzt ist es so, wenn wir zusammen essen wollen, dann möchten sie sich gerne wie im Hotel an den Tisch setzen und gar nichts machen. Nach dem Motto: »Das ist doch nicht mein Bereich, dafür bist du zuständig.« Ich krieg zurückgemeldet: »Du bist doch Mama und du musst das machen« und da fängt schon unser Konflikt an. Ich bin Mama, aber ich bin nicht das Dienstmädchen für alle, und da ist mein Konflikt, dass ich das nicht so möchte. Ich möchte nicht bedienen, sondern ich möchte, dass sie auch verantwortlich für ihr Handeln sind und einzelne Dinge auch freiwillig tun. Das tun sie aber nicht.

JUUL: Wie lange lebt ihr alle sechs schon zusammen?

MUTTER: Wir leben jetzt seit zwei Jahren zusammen. Ich finde, das sind tolle Kinder, jedes Kind kann für sich die Dinge, was Schule betrifft oder so, da sind sie sehr, sehr eigenverantwortlich. Aber sobald es etwas für die Gemeinschaft sein soll, funktioniert es gar nicht mehr. Zu Hause herrscht das absolute Chaos. In der Küche kann man dann nicht mehr arbeiten, da kann man nicht mehr kochen. Man braucht dann wieder jemanden, der erst mal klar Schiff macht. Und das ist jetzt nur mal das Thema Essen. Ich finde es wichtig, und ich fordere es auch ein, dass wir zusammen zumindest eine Mahlzeit haben. Wenn es nach ihnen ginge, dann würden sie das gar nicht mehr wollen. Also jeder macht sein Essen und geht damit auf sein Zimmer. Rückzug.

JUUL: Ok. Sag mal, wie war es am Anfang? Gab es eine lange Übergangsphase, bevor ihr alle zusammengezogen seid? Hattet ihr viele vorbereitende Gespräche oder gar keine? Wie war das?

VATER: In meinem Fall war es so: Etwa ein Jahr, nachdem wir *(die beiden Erwachsenen)* uns kennengelernt haben, habe ich mich dazu entschlossen, dass wir dazuziehen. Ich habe die Entscheidung lange rausgeschoben. Es war Schuljahresende und auch wegen meinem Sohn, der ja schultechnisch schon einiges hinter sich hat, mit Schulwechsel, Lehrerwechsel und so, war das schon ein Grund, warum ich mir das sehr, sehr gut überlegt habe: Mach ich's, mach ich's nicht. Aber eine Beziehung von einem Ende von München zum anderen Ende von München, das hat keinen Zopf *(keinen Sinn)*.

MUTTER: Wir haben den Kindern gesagt, dass wir zusammenziehen wollen. Ich habe einen neuen Partner, und ich möchte auch in der neuen Partnerschaft zusammen wohnen. Meine Kinder haben am Anfang gelacht und fanden das witzig, dass ich einen neuen Partner habe, und waren ganz offen und gar nicht dagegen. Aber ich muss jetzt dazu sagen, wir haben uns nicht an den runden Tisch gesetzt und gesagt: Also die Situation hätten wir jetzt. Sondern wir haben dann überlegt, wer welches Zimmer bekommt.

JUUL: Manche finden das ein bisschen unangenehm und künstlich, denn es geht ja um das Zusammensein, es geht um Liebe, und sie meinen, da sollte man nicht solche formellen Besprechungen haben. Aber ich glaube, es ist in einer Familie wie eurer sehr wichtig, dass man das ab und zu macht. Nicht um Probleme zu lösen, sondern nur um zu hören, wie es uns eigentlich geht. Wie geht es uns beiden, wie geht es den Kindern? Denn hier gibt es ja, ganz deutlich, zwei Familienkulturen, die zusammengekommen sind. Mit Erwartungen, und diese Erwartungen werden nicht erfüllt. Das ist der Status.

MUTTER: Ja.

JUUL (zu den Jugendlichen): Ok, dann muss ich hören, wie es aus eurer Sicht aussieht. Die beiden Erwachsenen in der Familie haben jetzt gesagt, sie sind nicht mit dem Status zufrieden, und sie sagen nicht direkt, aber indirekt, dass sie von euch allen gerne mehr Verantwortlichkeit der Gemeinschaft gegenüber möchten. Und da wollte ich gerne hören, wie du das siehst?

TOCHTER (19): Ich bin eigentlich auch relativ unzufrieden mit unserer Gemeinschaft, vor allem was meine Geschwister anbelangt, denn ich kenne das anders von früher. Dass wir zum Beispiel zusammen essen und dass jeder was macht. Ich sehe mich so, dass ich schon relativ viel zu Hause mache, dass ich aber trotzdem als Kind behandelt werde, obwohl ich meine Verantwortung für die Gemeinschaft übernehme. Das finde ich nicht in Ordnung.

JUUL: Ok. Danke.

ZWEITE TOCHTER DER MUTTER (16): Ich muss es mir noch überlegen.

SOHN DES VATERS (13): Für mich ist es eigentlich ganz in Ordnung. Was ich jetzt ein bisschen blöd finde, sind die ganzen Regeln, die aufgestellt werden, die man einhalten muss. Das kommt einem halt so vor wie im Gefängnis. Dass man halt nur die Regeln beachten darf, die aufgestellt werden, und wenn man das Falsche macht, dass man dann bestraft wird. Wenn man vergisst mitzuhelfen beim Kochen, dass man dann nicht mitessen darf. Das sind Sachen, die mich ein bisschen stören.

JUUL: Ok. Kannst du mir ein paar Beispiele geben, was es für Regeln gibt?

SOHN DES VATERS (13): Ja. Im Kühlschrank, rechts, gibt's ein grünes Abteil, da sind die Sachen, die zuerst gegessen werden sollen. Links sind die Sachen, die man noch nicht essen darf, und rechts sind die, die zuerst gegessen werden sollen.

SOHN DER MUTTER (15): Ich finde, bei uns in der Familie ist es so, dass die Gemeinschaft irgendwie nicht so gut ist. Ich bin eher so: Wenn es mir halt zu viel ist, dann gehe ich wieder zurück ins Zimmer zum Computer. Ich bin der Computer-Junkie. Es gibt schon viele Regeln, aber man kann sie schon beachten. Es sind manchmal eher so kleine Sachen, manchmal auch große. Wenn man will, kann man das eigentlich schon beachten.

TOCHTER DER MUTTER (16): Ich wollte auch sagen, dass die Gemeinschaft nicht so gut funktioniert. Wir *(die Jugendlichen)* ziehen uns alle, wenn wir nach Hause kommen, in unsere Zimmer zurück. Kommen dann entweder zum Essen runter oder zum Kochen helfen, und sonst sind wir eigentlich nie da, außer wenn wir uns was zu essen holen. Und das finde ich halt ein bisschen schade. Obwohl ich mich mittlerweile dran gewöhnt habe. Dann sind da diese vielen Regeln: Es sind zwar nicht so viele, aber viele, wo ich einfach denke, dass es funktionieren sollte und man dafür keine Regeln braucht.

JUUL: Ok. *(Zu den Eltern)* Was hört ihr beide, wenn ihr das hört? Was ist die Botschaft?

VATER: Also die Botschaft, die ich da höre, ist die, dass es der Regeln eigentlich nicht bedarf. Dass selbstständig sein, selbstständig handeln, selbstständig agieren durchaus auch erwünscht ist. Wenn ich mir das so anhöre, dass es viele Regeln gibt, die es gar nicht braucht, dann frage ich mich, warum es die dann eigentlich gibt. Von unserer Seite braucht es sie ja schon, zum Teil zumindest. Es trifft ja immer vier *(die vier Kinder)*. Der eine umgeht die eine Regel, der nächste umgeht die andere Regel – oder sagen wir mal den Wunsch, den die Gemeinschaft hat: wie man sich in der Gemeinschaft verhält, also Schuhe ausziehen oder Zusammenräumen, egal was.

JUUL: Jetzt bist du wieder am Argumentieren. Ich möchte gerne wissen: Wenn du den Kindern zuhörst, was hörst du dann? Welchen Eindruck gibt es dir, was die vier sagen?

VATER: Dass die Regeln unerwünscht und unnötig sind.

JUUL (ZUR MUTTER): Ok, und du?

MUTTER: Also ich höre, dass doch ein Wunsch nach Gemeinschaft besteht. Bei meiner großen Tochter, die wird jetzt 20, ist es schwierig für uns, alle gleich zu behandeln, was die Regeln betrifft. Ich höre, Regeln braucht man eigentlich nicht, und es sind nicht so viele Regeln und eigentlich könnte man sie einhalten.

JUUL: Und was denkst du darüber?

MUTTER: Ich denke, ich möchte diese Regeln auch nicht. Ich möchte, dass das mit Absprache einfach funktioniert. Dass man zu dem einen Ja sagen kann und zu dem andere Nein sagen kann. Aber nächstes Mal geht doch wieder ein Ja. Dass es nicht so strikt ist, dass die Regeln eingehalten werden müssen, »Punkt basta«. Sondern dass man das miteinander löst.

JUUL: Ok. Ich höre etwas anderes. Ich höre, dass diese Gemeinschaft, über die wir reden, einfach nicht existiert. Es gibt keine

Gemeinschaft, und das heißt, es gibt sozusagen keinen Tisch, wo man alles hinstellen und sagen kann: »Das ist mein Beitrag.« Und das ist häufig der Fall. Meine erste Erfahrung als Familientherapeut, das ist 30 bis 35 Jahre her, war oft, dass Eltern mit jugendlichen Kindern gesagt haben: Unsere Kinder gehen mit unserem Familienhaus wie mit einem Hotel um. Und sehr häufig war es der Fall, dass dieses Elternhaus auch nicht viel mehr als ein Hotel anbietet. Das bedeutet nicht unbedingt, dass das notwendigerweise wenig ist. Das kann ja ganz, ganz viel Service beispielsweise sein oder Dienstleistung verschiedener Art. *(Lachen)*

Wenn wir ein Bild verwenden, ist es also so: Wir wollen gerne zusammen essen, das ist unsere Erwartung. Aber niemand kauft ein und niemand kocht. Es fehlt also die Gemeinschaft. Und ich denke, es ist sehr, sehr wichtig, dass ihr alle sechs euch trefft, für eine dreiviertel Stunde, eine Stunde (und ich glaube, es muss mehrmals sein), und darüber redet, dass es hier eine Gemeinschaft gibt. Es geht dabei weniger um die Zeit, aber meiner Meinung nach ist es wichtig, dass alle Mitglieder sagen: »Ja, ich möchte gerne hier mit euch wohnen, ich möchte gerne eine Gemeinschaft aufbauen, und ich möchte gerne dazu beitragen, welche Kultur im Elternhaus vorherrscht.« Dabei verstehe ich das nicht als einen demokratischen Prozess. Es geht also nicht darum, dass alle alles mitbestimmen sollten. Aber es ist sehr wichtig, dass die beiden Erwachsenen hören, was die Kinder wollen und was nicht. Wenn wir bei euch im Moment sozusagen Temperatur messen, wenn wir fragen: »Wie geht's uns eigentlich«?, dann finden es alle, wie ich das höre, ein bisschen kalt. Es könnte wärmer sein. Aber das kostet Arbeit. Denn in einer Kernfamilie gibt es ja immer in irgendeiner Form Liebe. Das ist hier jedoch nicht unbedingt der Fall. Liebe existiert zwischen euch beiden Erwachsenen, jedoch nicht notwendigerweise zwischen den Kindern. Das zu erreichen ist ein ganz anderer Prozess, und ihr beide seid jetzt seit zwei Jahren frustriert: »Das haben wir nicht erreicht, das funktioniert nicht.« Und ich glaube, jede Familie, jede Gemeinschaft braucht eine Handvoll Regeln, um bestimmte Prozesse möglich zu machen. Aber man kann Regeln nicht als Problemlösung verwenden. Das geht nicht, dann wird es, wie du sagst *(an den Sohn des Vaters)*, wie im Gefängnis, dann ist es keine Gemeinschaft.

Ich würde zum Beispiel nächste Woche von Anfang an beginnen und fragen: Welche Mitglieder gibt es bei uns, was wünschen sie sich, welche Vorstellungen haben sie, welche Bedürfnisse haben sie, was wollen sie, was wollen sie nicht, was wollt ihr beide *(Eltern)*, was wollt ihr mitmachen, was wollt ihr nicht mitmachen … Und dann nach einer Stunde (oder zwei oder drei) wissen alle, was für eine Gemeinschaft im Moment da ist. Dann haben wir sozusagen die Bausteine. Dann wissen wir, wie die Realität aussieht – im Vergleich zu euren Träumen, Bildern oder Wünschen. Wir befinden uns ja hier in einer Situation, wo die Kinder nicht mehr Kinder sind. Sie haben Verschiedenes mitgemacht, um ihre Eltern zufriedenzustellen, und das bedeutet, es muss eine gleichwertige Gemeinschaft aufgebaut werden, sonst geht es nicht. Dann taucht natürlich diese Frage auf: Was ist eigentlich Verantwortlichkeit und woraus besteht sie? Dabei geschieht es ganz häufig, dass wir zwei Dinge miteinander vermischen, nämlich die Verantwortlichkeit der Gemeinschaft gegenüber und die persönliche Verantwortlichkeit für die Dinge, die denjenigen selbst betreffen.

Es ist ganz klar, und das sind auch unsere psychologischen Erfahrungen, dass man nicht lange Mitglied irgendeiner Gemeinschaft sein kann, ohne etwas beizutragen. Oder, wenn man nichts beiträgt, dann verliert man seine Würde. Irgendwie muss man für seine eigene seelische Gesundheit etwas beitragen. *(Zur Mutter)* Ich glaube, man sollte als 13-, 17-, 20-Jähriger für etwas verantwortlich sein. Ich habe mir einmal eine kurze Liste gemacht, und ich meine, ab zwölf sollten Jugendliche verantwortlich sein für Wäsche: Die Jugendlichen sollten wissen, wie man das macht, wie man die Wäsche sortiert, bügelt usw. Jugendliche können verantwortlich sein für Essen: Ich kann selber einkaufen und auch kochen, wenn es notwendig ist. Die Verantwortlichkeit der Jugendlichen betrifft ihre Arbeit, also die Schule: Ich bin für meine Arbeit/Schule selber verantwortlich. Das betrifft schlafen, dafür bin ich als Jugendlicher selber verantwortlich, d.h. wann ich ins Bett gehe und wann ich aufstehe. Wenn ich irgendeinen Extraservice haben möchte, also: »Vater oder Mutti, kannst du mich bitte morgen wecken?«, dann muss man sich überlegen, ob das möglich ist, also sich als Elternteil überlegen: Kann ich das mit Liebe oder gerne tun, oder weiß ich, dass ich dann ein bisschen aggressiv drangehe. Das sind für mich die persönlichen Grundbedürfnisse, dafür sollten die Kinder selbst verantwortlich sein. Wenn man in einer solchen Weise Verantwortung übernimmt, dann kann man natürlich nachher verhandeln und sagen: »Ok, ich bin einverstanden, ich bin für meine Ernährung verantwortlich. Und es ist schön, dass *du* kochen willst« oder: »Es wäre eigentlich gut, wenn ich manchmal mitkoche, aber das macht mir so wenig Spaß, und hinterher will sowieso niemand essen, was ich koche. Kann ich bitte stattdessen etwas anderes machen?« Die Idee ist: »Ich bin dafür verantwortlich«, d.h. ich bin auch dafür verantwortlich, der Gemeinschaft mitzuteilen, wenn ich das nicht mehr machen will oder wenn ich es morgen nicht schaffe. Dazu brauchen die Kinder Erwachsene, die sich auch darin üben, verantwortlich für sich selbst zu sein: für eigene Grenzen, Bedürfnisse, Wertvorstellungen usw. Und du hast ja zum Beispiel gesagt: »Diese Mutterrolle, wie die Kinder sie im Kopf haben, das mache ich nicht mit. – Das stimmt nicht ganz, ich lüge ein bisschen, weil ich es ja eigentlich mitmache, aber ich mache es ungern mit.« Es ist sehr wichtig, dass es klar ist! Denn wenn wir auf dich als ein Vorbild gucken, dann sehen die Kinder eine Frau, die jeden Tag etwas macht, was sie eigentlich nicht machen möchte und immer mehr oder weniger frustriert ist. Und das ist kaum ein konstruktives Vorbild, und ich glaube besonders, weil es zwei Töchter gibt, ist es sehr wichtig, dass die beiden Beziehungen eingehen können, ohne dieses ewige »Mütter haben keine Grenzen, Mütter haben keine Bedürfnisse, Mütter müssen immer nett sein« usw. Das ist ein Gefängnis. Das heißt, du *(die Mutter)* musst klar sein und verantwortlich. Wenn du also deine Grenze anzeigst: »Das will ich nicht«, dann darfst du das auch nicht machen. Das ist wichtig, denn es geht nicht darum, dass die Kinder schlau sind und denken: »Die redet nur, das geht vorbei und morgen gibt es wieder was zu essen«, so denken die Kinder eigentlich nicht. Aber es wird möglich, dass sie Folgendes denken: »Man muss dich nicht notwendigerweise ernst nehmen.« Und dass sie das tun, dafür musst du sorgen.

Es ist viel einfacher für Kinder und für Erwachsene, einen anderen Mensch ernst zu nehmen als eine Regel. Regeln funktionieren oft nicht. Es ist ok mit einer Handvoll Regeln, darüber können wir reden. Aber ich möchte nicht, dass ich etwas deshalb tue, weil es eine Regel ist. Ich möchte gerne etwas tun (oder nicht tun), weil ich dich als Mensch ernst nehme, und ich habe einen gewissen Respekt vor deinen Grenzen, Wertvorstellungen und Bedürfnissen usw. Ich glaube, das wünschen wir uns alle von einer Gemeinschaft. Und wenn das nicht funktioniert, dann stellen wir Regeln auf.

Ich glaube, die beiden Erwachsenen hier müssen anfangen: Ihr müsst euch alle treffen und ganz ernsthaft darüber reden: »Was will ich, was für eine Gemeinschaft möchte ich gerne, damit es gut für mich ist.« Und da ist es erlaubt, egoistisch zu sein. Denn wenn wir wissen, was gut für dich ist, für mich usw., dann wissen wir, was für eine Gemeinschaft wir brauchen. Vorher wissen wir das nicht. Also könntest du zum Beispiel sagen *(zum*

Sohn der Mutter): »Ich will eigentlich nur mit meinem Computer arbeiten und Ruhe haben«, d.h. für mich ist die Erziehung vorbei. Und so kann man sich Verschiedenes vorstellen. Ihr beide *(zu den Erwachsenen)* seid offensichtlich ganz verschieden, und daher ist auch wichtig, dass es besonders für die beiden Erwachsenen Platz und Möglichkeiten gibt, das zu haben, was ihr gerne möchtet.

Damit würde ich anfangen. Dann kommt die individuelle Arbeit. *(Zur Mutter)* »Es geht einfach nicht mehr« (das ist nicht meine Meinung, das hast du mir gesagt), »es geht nicht mehr mit diesem Rollenspiel: Ich bin Hoteldirektorin, ich bin Köchin, Putzfrau, Rezeptionistin usw., und das will ich nicht mehr.« Und ich will dir mal Folgendes sagen (ich sage das sehr oft hier in Deutschland), du musst auch damit aufhören, immer »möchte« zu sagen. Das funktioniert nicht innerhalb der Familie, es funktioniert nur beim Bäcker oder so. »Ich will«, heißt es.

MUTTER: Ok, neue Vokabel. *(lacht)*

JUUL: Wir sagen es, um höflich zu sein, um einen guten Ton zu haben usw., und es funktioniert teilweise, aber meistens funktioniert es nicht. Sollte es wirklich notwendig sein, »will« zu sagen? Ja, es ist notwendig. Parallel dazu musst du für dich verantwortlich sein und nicht sagen: »Ich bin so und so und für mich ist das unangenehm, deswegen müsst *ihr* alle so und so sein.« Das würde ja bedeuten, alle müssen die Mutter/Stiefmutter retten. Das machen die nicht, nein. – Nein, du musst dich selber retten, mit Hilfe, hoffe ich. *(Mutter blickt zum Partner und lacht)* Denn sonst werden alle Opfer, genau wie du. Das war ein kleiner Vortrag über Verantwortung. Macht das Sinn für dich?

MUTTER: Ja, es macht Sinn. Wir haben schon immer wieder auch runden Tisch gemacht. Ich frage mich jetzt, wie oft muss das sein, wie eine Art Ritual oder immer nur nach Bedürfnis?

JUUL: Ich glaube, es lohnt sich im nächsten Jahr oder in den nächsten anderthalb Jahren einmal pro Monat. Und man muss was merken, weil es auch anstrengend ist, es keine Demokratie ist. Es geht darum, miteinander bekannt zu werden und zu sagen: Ok. Was denkt ihr darüber im Moment, was denkst du und du und du? Und wie zufrieden sind wir? Und dann arbeiten wir dran. Dabei ist es wichtig, dass man das nicht wie in der Schule macht, d.h. kein Schuldirektor sitzt am Tischende und sagt: »Aha, jetzt ist es so, so, so,... und bis zum nächsten Mal verbessern wir das und das und das.« So nicht!

Diese Gemeinschaft ist da, weil ihr beiden Erwachsenen euch verliebt habt. Wenn jeder davon spricht, was er braucht, macht es einen Eindruck auf alle, und dann verarbeiten alle diesen Eindruck über die nächsten Wochen, und dann sieht die Welt das nächste Mal anders aus. *(Jesper Juul spricht von den monatlichen Gesprächsrunden)* Aber das kann man nicht versprechen, das kann man nicht vereinbaren.

VATER: Es ist immer wieder interessant, dass es dieses Auf und Ab gibt. Wir haben diese Situationen immer wieder. Wenn wir dann dastehen und denken: Was ist denn heute los? Sechs Leute zum Beispiel in der Küche, da geht es dann um das klassische Zusammensein, man macht miteinander ein Abendessen, der eine räumt schon was weg, der andere deckt den Tisch, wie auch immer. Alle sind gut gelaunt, es werden Witze gemacht, es ist eine fröhliche Stimmung, es ist einfach richtig angenehm, da isst man dann auch gern. Da denke ich dann: Toll, super, so möchte man es eigentlich haben. Und man hat auch den Eindruck, dass jeder andere das so haben möchte, weil einfach, denk ich, jeder für sich das Gefühl hat, er ist integriert. Das ist aber einen Tag später, oder manchmal auch schon drei Stunden später, so wie eine Luftblase, »blubb« und weg. Wo ist das nun hin? Wo ich dann immer wieder dastehe und möchte es eigentlich wiederhaben. Also ich bin schon auch sehr familiär veranlagt, ich mag das. Ich bin auch gerne bereit, Dinge zu tun, selbst wenn sie mir unangenehm sind. Es kann ja jederzeit jemand kommen und zu mir sagen: »Du, kannst du mir helfen? Ich bräuchte ...«, egal was das jetzt ist, ob einen Fahrdienst oder Fahrrad richten – egal. So stell ich mir das vor. Und was ich immer wieder vermisse, das ist dieses Einfordern, so was kann man ja auch auf eine gewisse Art einfordern. Wenn ich von jemandem was will, dann gehe ich höflich auf ihn oder sie zu, dann kann man ja was fordern: »Könntest du vielleicht ... wenn du Zeit hättest.« Das würde ich mir schon wünschen, von dieser ganzen Gemeinschaft. Das kommt aber ganz, ganz selten vor.

JUUL: Also ich muss dir sagen, du redest weiter über diese Gemeinschaft, die nicht existiert.

VATER: N-Ja, vielleicht weil ich sie haben möchte?

JUUL: Nein, das glaube ich nicht. Jetzt hast du ja ein paar deiner wichtigen Wertvorstellungen ausgedrückt. Du bist ein Familienmensch, das ist ja alles wichtig, und jetzt fehlt nur, dass deine eigenen Kinder und die, die dazugekommen sind, auch eine Möglichkeit bekommen, dir zu sagen, was es für die Einzelnen einfach oder schwierig macht, Teil dieser Familie zu sein, mit dir.

VATER: Gute Frage. Die stelle ich mir selber auch immer wieder. Was mache ich, oder was ist da mein Part, oder wo bin ich irgendwie ...

JUUL: Und das heißt nicht, dass es notwendigerweise die Wahrheit ist, das heißt nur, das ist gut zu wissen. *(Lacht)* Und das muss man in einem solchen Aufbauprozess wissen. Man muss ja etwas Gemeinsames haben, auch diese emotionale Gemeinschaft muss erst aufgebaut werden, und das bedeutet, es kommt auf persönliche Kontakte an. Es kommt auch auf Auseinandersetzungen an, damit baut man das. Nur so kann man das bauen. – Du guckst mich an, als hätte ich Latein gesprochen?

VATER: Nein, nein. *(Lachen)*

JUUL: Glücklicherweise ist eure gemeinsame Geschichte ja erst zwei Jahre alt, es gibt also eine Möglichkeit, neu anzufangen.

Denn es gibt keine großen, unbearbeiteten interpersonellen Probleme, wie ich das spüre. Es gibt nur die Eltern, die möchten gerne eine Gemeinschaft haben, und es geht um die Kinder, die möchten eigentlich auch gerne, aber es fehlen die Führungskräfte. Die Kinder können das nicht selbst machen, die müssen Eltern haben, die glaubwürdig sind in ihrem Verhalten. Und das heißt nicht streng oder böse oder so, sondern das heißt, dass die beiden Erwachsenen auch sagen dürfen, dass es nicht einfach ist. »Donnerstag war es so wunderbar, warum machen wir nicht jeden Tag zum Donnerstag?« Weil es so nicht geht, so kann man das nicht regulieren. Es gibt so viel guten Willen von den Kindern, obwohl sie auch sehr verschieden sind, und daher brauchen sie sehr verschiedene Dinge. Manches können sie haben, manches nicht, das ist ja bei den Erwachsenen auch nicht anders. Aber es muss ein bisschen klar sein.

Die Jugendlichen sind ja alle unterwegs. Sie sind alle nicht vor allem damit beschäftigt, wie kommt man in diese Gemeinschaft ganz rein, sondern sie sind mehr oder weniger damit beschäftigt, wie kommt man raus? Das ist also ein anderer wichtiger Faktor. Das heißt, es muss eine klare, differenzierte Führung geben. Aber kein Zweifel, diese Familie ist eure Familie, somit geht es weiter. Die Kinder wollen nichts anderes, als dass es euch beiden gut geht. Aber dann muss die Mutter nicht so überflexibel sein und der Vater vielleicht ein bisschen mehr flexibel – ich weiß es nicht genau. *(Lachen)* Es gibt Zeugen.

VATER: Es wirkt halt von außen immer anders, als wie man sich selber einschätzt.

JUUL: Ja, es ist sehr schwierig, sich selbst von außen zu sehen. Und ich weiß auch nach dieser halben Stunde, dass du in deinem Kopf sehr flexibel und sehr versiert bist. Aber wie du dich präsentierst, ist oft sehr machtvoll, und damit umzugehen ist nicht immer einfach, glaube ich. Aber wir sind niemals einfach, das ist eben so.

VATER: Wer möchte schon einfach sein? … *(Pause)*

JUUL: Das war so auf die Schnelle mein Eindruck, und wenn jemand hier sitzt und sagt, das hat er komplett falsch verstanden, dann möchte ich es gerne wissen. »Möchte« ist nicht genug. Ich will, dass ihr entweder ja oder nein sagt. *(Zu den Jugendlichen)* Stimmt es für dich? *(Nicken vom Sohn der Mutter)* Für dich auch *(Nicken von Tochter, 19)*, und für dich? *(zur Tochter, 16)*

TOCHTER: Ja, es stimmt. *(Nicken vom Sohn des Vaters)*

JUUL: Und mein Vorschlag war ja: Ihr fangt alle zusammen noch einmal am Anfang an und trefft euch einmal pro Monat und redet darüber. Wollt ihr das alle mitmachen oder gibt es jemanden, der das nicht will?

TOCHTER (19): Also ich würde schon mitmachen, solange *ich* nicht dafür sorgen muss, dass alle … *(Deutet auf die Eltern)* Das sollen die machen.

JUUL (ZUR MUTTER): Ist das deine Älteste? Sie ist gefährlich, weißt du das? *(Lachen. Zur Tochter)* Ich sollte noch etwas bleiben, damit deine Mutter eine Chance hat, dir ein anderes Vorbild zu geben, ohne diese Überverantwortlichkeit. Denn darin sind wir beiden uns einig: Du solltest dafür nicht sorgen! In diesem Moment ist es besser zu versuchen, sich selber zu finden, als brav zu sein. Was heißt das genau? Nicht immer automatisch brav zu sein. In Dänemark würde ich so einen Mensch »Zahnarzt« nennen, denn wenn etwas fehlt, wenn es ein Loch gibt, dann kommst du sofort. Genau wie deine Mutter. Es gibt zwei Zahnärzte in der Familie und viele Löcher. *(Lachen)* Die vier Jugendlichen sind sehr, sehr verschieden, das ist so. Eine Gemeinschaft daraus zu machen ist nicht einfach. Das heißt nicht, dass es notwendigerweise schwierig ist, das heißt nur, es dauert. Es wird ja auch noch verglichen mit dem, was früher war, und wie lange Zeit haben wir eigentlich, etc. *(Zu den Eltern)* Aber ihr habt es ja alle beide mit den Kindern wunderbar gemacht, das sieht man. Ok, vielen Dank!

RÜCKMELDUNG DER BETEILIGTEN FAMILIE NACH VIER WOCHEN

TOCHTER (19): Noch am Wochenende, nachdem wir auf dem Seminar waren, dachte ich, dass sich bei uns zu Hause einiges ändern wird. Das Gemeinschaftsgefühl war besser als sonst, es wurde zusammen gekocht und jeder ist auf den anderen eingegangen. Es war sehr schön zu erfahren, dass wir auch harmonisch miteinander umgehen können. Leider hielt dieses Gefühl nicht sehr lange an. Wie Jesper uns geraten hat, wurde ein »runder Tisch« einberufen, welcher eigentlich, wenn ich das richtig verstanden habe, dazu dienen sollte, dass jeder seine Vorstellung von Gemeinschaft darstellt und erzählt, wie es ihm selbst im Moment geht. Wie immer ist es uns nicht gelungen, die Aussagen des anderen unkommentiert zu lassen, und so artete es zu einer langen, anstrengenden und ergebnislosen Diskussion aus. Jeder war danach frustriert und genervt.

Was wir Kinder allesamt feststellten, ist, dass sich unsere Eltern wie Kinder verhalten und von uns erwarten, dass wir uns erwachsen verhalten. Sie sind der Meinung, dass wir nun an der Reihe sind, ihnen entgegenzukommen. Die Situation, in der wir stecken, ist wie ein Teufelskreis. Jeder ruht sich auf dem anderen aus, denn wenn der andere nichts für die Gemeinschaft tut, dann muss ich das ja auch nicht.

FAMILIE 2

»Gewitter« und Streit, autonome Kinder, Familie und Grenzen

DABEI SIND: MUTTER, VATER UND DIE GEMEINSAMEN SÖHNE (9, 12)

VATER: Also, was mich sehr stark beschäftigt, ist, dass es überwiegend gut funktioniert, soweit es in dem Fahrwasser ist, was alle kennen, was allen vertraut ist. Wobei ich insbesondere das Gefühl habe, dass unsere Kinder sehr vorbildlich sind, soweit sie nicht besonders gefordert sind, in keiner besonderen Situationen sind. Sobald sie jedoch die eingefahrenen Pfade verlassen müssen, sodass sie etwas in unerwarteter Weise tun müssen, oder eine Situation auftaucht, die sie nicht gewohnt sind, in die sie nicht eingebettet sind, kommen sie sehr schnell in eine Verweigerungshaltung, wobei dann die Stimmung sofort sehr eskaliert, sehr wütend und laut wird.

JUUL: Kannst du das ein bisschen anders sagen? Das habe ich noch nicht ganz verstanden, glaube ich.

VATER: Eine Beispielsituation wäre: Solange der Frühstückstisch genau gleich gedeckt ist, so wie er jeden Tag gedeckt ist und alle Komponenten da sind, ist alles gut. Wenn aber an einem Morgen mal eine Sache fehlt, kann das schon dazu führen, dass auf einmal die ganze Stimmung umkippt. Das wäre jetzt nur ein Beispiel einer Frühstückssituation. Es kann auch sein, dass die gewohnte Fernsehzeit, die man im Laufe eines Tages hat, einmal nicht gewährt wird, schon führt es dazu, dass die Gesamtstimmung in der Familie sehr stark belastet ist. Es ist also kaum eine Toleranz da. Und meine besondere Hilflosigkeit spüre ich in der Situation, weil dann die Gefühle so stark sind, so stark geschrien wird, so stark beleidigt wird, dass mir häufig einfach die Möglichkeiten fehlen, darauf einwirken zu können. Wo ich dann selber erschrocken bin über das Gewitter, das jetzt da ist, und ich Sorge hab, dass ich in zukünftigen Zeiten in der Familie dann vielleicht gar nicht mehr reagieren kann oder eine Intensität angeschlagen wird, die dann nicht mehr familientauglich ist. Insofern sind wir eine Gewitterfamilie, die im Wesentlichen vielleicht harmonisch ist. Dann aber ist ein Gewitter, da werden Türen geknallt, und danach obsiegt dann doch sehr schnell wieder das Harmoniebedürfnis. Wir sind keine Familie, in der wir zwei Wochen schweigen oder bei denen ein Konflikt über mehrere Tage schwelt, das nicht. Sondern sehr impulsiv und dann wieder Bemühen um Harmonie. Sorge habe ich, dass dieser impulsive Faktor eventuell jetzt im Rahmen der Pubertät, oder wenn die Kinder größer werden, einfach dazu führt, dass es dann zu stark ist und wir es gar nicht mehr handhaben können.

JUUL: War das immer so, oder ist das etwas Neues?

VATER: Eigentlich war das immer so. Also was sich beim kleinen Kind äußert im Weglaufen aus der Situation oder Schreien und Trampeln, sind jetzt halt zielgerichtete Beleidigungen: gucken, wo trifft man denn jetzt die Eltern in der Situation, wo kann man zu Tränen rühren oder wo kann man den Elternteil so provozieren, dass er auch in Wut gerät. Also sehe ich da schon eine Fortsetzung im Verhalten, was man auch schon bei den Kleinen feststellen konnte. Wenn das so weitergeht, dann mache ich mir Sorgen, was noch kommen könnte. Dann könnte es tatsächlich auch dazu führen, dass irgendwann ein körperlicher Konflikt kommt, weil ich dann einfach in der Situation merke, dass ich nicht genau weiß, was ist die richtige Verhaltensweise.

JUUL: Ok. Ich möchte deine Beschreibung auch gerne hören.

MUTTER: Also bei mir ist eigentlich ein ganz großes Hauptthema, dass unser ältester Sohn und ich oft einen Streit kriegen, der jetzt im Laufe seines Alters oder der beginnenden Pubertät so eskaliert, dass wir uns so anschreien und die Wortwahl auch so wird, dass ich das nicht mehr möchte. Ich will das nicht. Ich akzeptiere es und finde es auch völlig normal, dass wir in Streit geraten, das gehört dazu, glaube ich einfach. Ich weiß nur nicht, wo ich die Grenze setzen muss oder wo einfach Schluss ist. Wenn ich dann durch bestimmte Wörter provoziert oder geärgert werde, das will ich nicht.

JUUL: Ok. Kannst du dich erinnern, wann das das letzte Mal passiert ist?

MUTTER: Seit wir gesagt haben, wir fahren nach München *(zum Seminar)*, ist es nicht mehr passiert. *(Lachen)*

JUUL: Es ist Harmonie in der Luft.

MUTTER: Ich hab schon letzte Woche gedacht: Warum fahren wir jetzt noch mal ganz genau da hin? Der Streit entsteht oft, weil unser ältester Sohn meint, dass ich von ihm was Schlechtes will, obwohl ich es eigentlich aus Liebe meine.

JUUL: Zum Beispiel?

MUTTER (ZUM SOHN): Weißt du noch ein Beispiel, von unserem letzten Streit?

SOHN (12): Das war vor zwei bis drei Wochen. Eigentlich seit du gesagt hast, dass wir nach München fahren, nicht mehr.

MUTTER: Wenn ich zum Beispiel nach den Hausaufgaben frage und du sagst: Wir haben nichts auf, und dann gibt es einen Anruf von der Lehrerin, dass er zweimal keine Hausaufgaben gemacht hat, und dann frage ich ihn, was da los ist, dann kommt: »Du hast überhaupt keine Ahnung von der Schule und dich geht das überhaupt alles gar nichts an!« Und dann sage ich: Aber in dem Moment, wo mich die Lehrerin anruft, muss ich ja irgendwie reagieren, und dann schaukelt sich das so lange hoch bis: »Du hast mir nichts zu sagen und du bist …« und dann kann ich mich auch nicht zurückhalten … Wie man es sich klassisch vorstellen kann. Bis dann die Türen knallen. Drehe ich mich dann um und gehe weg? Ich weiß dann einfach nicht, was ich machen soll. Weil ich der Meinung bin, man kann sich streiten, aber man muss irgendwo noch Respekt bewahren, und da habe ich das Gefühl, dass haben wir schon immer bei ihm, dass so eine Art Respekt fehlt. Im Kindergarten, in der Schule und nicht nur mit mir, sondern auch insgesamt. Dann ist ganz oft Streit, dass die beiden Brüder sich untereinander streiten und unser ältester Sohn drei viertel des Tages damit beschäftigt ist, den Jüngeren zu ärgern. Und ich hab das Gefühl, ich weiß nicht, warum er es tut. Ganz oft kommt es mir so vor, als müsste er dann von sich ablenken. Der Jüngere hat jetzt lange Haare. Das hatte der Ältere in dem Alter ungefähr auch drei Jahre lang, und trotzdem kriegt der Jüngere ungefähr zehnmal am Tag den Spruch zu hören, dass er Scheiße aussieht, dass er seine Haare abschneiden soll.

SOHN (12): Da ist noch eine Sache. Als wir gestern im Hotel im Fahrstuhl waren, kam irgendwie so ein Mann rein, der hat gesagt: »Kannst du mal Platz machen«, und dann kam irgendwie eine Frau rein und die hat meinen Bruder auch wieder für ein Mädchen gehalten.

MUTTER: Ja, jetzt haben wir das klassische Beispiel, dazu sag ich dann jedes Mal, dass wir das …

SOHN (12): Das ist mir unangenehm!

MUTTER: Dann schämt er sich für seinen Bruder. Aber als er in dem Alter war, war es dasselbe wie sein jüngerer Bruder heute, da hatte er die gleichen langen Haare, und das versuche ich ihm jedes Mal zu sagen: dass das jetzt die Sache seines Bruders ist, dass das seine Haare und seine Frisur sind und er das so möchte. Und dass ihm damals, mit den langen Haaren, auch keiner zehnmal am Tag gesagt hat, dass es doof ist.

SOHN (12): Mit neun hatte ich noch keine langen Haare!

MUTTER: Das ist genau die Situation! So ist es dann und das schaukelt sich jetzt so hoch bis … ja. Und so fangen dann oft die

Mahlzeiten an, dass wir am Tisch sitzen, und er erst mal sagt: »Oh, du siehst so scheiße aus mit deinen Haaren.« Und der Jüngere lässt sich das mittlerweile nicht mehr gefallen. Es ist dann schwierig und ich weiß nicht, wo ich da ansetzen soll. Ich sag dann, wenn der Tisch gedeckt ist oder jeder sitzt: »Ich will jetzt in Ruhe essen.« Dann ist es an der Regel, dass noch drei-, vier-, fünfmal Sätze hinterher kommen müssen. Und ich kann auch noch fünfmal sagen: »Ich will jetzt in Ruhe essen«, und dann halten sie sich nicht dran. Das ist die Frage, wo setze ich denn eine Grenze? Nehme ich meinen Teller und gehe raus oder gehen die Kinder mit ihrem Teller raus, oder?

JUUL (ZUM ÄLTEREN): Hast du einen Vorschlag?

SOHN (12): Das war gerade wieder die typische Mama-Art, irgendwie alle Beispiele aufzurufen und dann einen halben Roman draus zu machen.

MUTTER: Genau: Wenn ich dann versuche, mit ihm drüber zu reden, dann gehen schon gleich die Ohren zu, weil: »Oh, jetzt laberst du mich wieder voll.«

SOHN (12): Das ist ja auch so. *(Lachen)*

MUTTER: Dann die Frage mit der Eigenverantwortlichkeit. Wir haben irgendwann letztes Jahr im Herbst gesagt: Du bist jetzt für deine Schule verantwortlich. Denn bei ihm *(beim älteren Sohn)* ist es schon, seit er zur Schule geht, das Thema, dass er die Hausaufgaben häufig vergisst, dass sein Arbeitsverhalten nicht so ist, dass er dies und das vertrödelt und irgendwo vor sich hinträumt, und da haben wir gesagt: Ok, du machst jetzt deine Sachen. Und ich geb zu, es ist wirklich schwerer, loszulassen und sich rauszuhalten, als zu sagen: Jetzt machst du das und jetzt machst du das. Das Ganze hat jetzt so geendet, dass er von sich aus sagt: Kannst du mir bei den Hausaufgaben helfen? Die Zensuren sind so, dass jetzt was passieren muss. Entweder bei ihm oder … Er hat jetzt gesehen, dass er die Eigenverantwortlichkeit so handhabt, dass er gar nichts mehr macht. Er ist auf

Null runter gefahren, und auf dem Gymnasium kriegt man dann die Quittung. Und nun ist die Quittung da und jetzt ist die Frage, wie geht man damit um.

JUUL: Wie ist das passiert damals? Diese Übertragung von Verantwortlichkeit?

MUTTER: Ich habe beim Yoga öfter mit einer guten Freundin darüber geredet, und die hat mir das dann mit der Eigenverantwortlichkeit erklärt und gesagt, er kann seine Schule selber regeln. Genau das, was eigentlich vorhin hier gesagt wurde. Und zum Beispiel morgens haben sie jeder einen Wecker und stellen sich den Wecker und stehen alleine auf, und ich muss sagen, das klappt wirklich super. Deshalb sehe ich das auch ein. Nur mit der Schule klappt es nicht so ganz.

VATER: Konkret wurde die Kontrolle der Hausaufgaben nicht mehr von uns durchgeführt, was vorher immer noch viel Zeit in Anspruch genommen und den Nachmittag geprägt hat. Die Kontrolle, welche Hausaufgaben sind anzufertigen, dann noch mal das Ergebnis der angefertigten Hausaufgaben zu kontrollieren, das haben wir losgelassen. Und haben gesagt, das geben wir in die Eigenverantwortung.

MUTTER: Ja, und ich war auch froh, dass das so war, denn ich hatte auch keine Lust mehr dazu.

JUUL: Das ist meine Frage. War das sozusagen ein gemeinsamer Prozess, war der Älteste einverstanden: Ja, ich übernehme das jetzt. Denn das ist ja richtig, er kann selber verantwortlich sein. Kinder können alles selber, aber meistens nicht alleine. Und es hört sich so an, als ob er es jetzt alleine macht. Diese Übertragung von Verantwortung ist sehr, sehr wichtig. Aber nicht so, dass die Eltern sagen: »Jetzt schaffe ich es nicht mehr, jetzt musst du verantwortlich sein.«

MUTTER: Nein, so war es nicht. Nicht, dass ich das nicht schaffe. Aber es ist halt auch dieser eine Eckpfeiler mit dem Vertrauen. Denn es war eher so eine Art Kontrolle, weil ich kein Vertrauen hatte. Er sagte: »Wir haben nichts auf und ich muss nichts machen«, dann war aber ein Test mit einer Fünf im Ranzen und ein blauer Brief, aber angeblich war ja gar nichts auf in Französisch, aber da war dann trotzdem plötzlich ein blauer Brief. Deshalb fehlt auch eigentlich das Vertrauen dabei.

JUUL: Ich frage mich, wo sollen wir eigentlich mit dieser ganzen Geschichte anfangen. Denn es ist für mich, wenn ich das alles höre, eine sehr alte Geschichte. Eine Idee habe ich, nämlich dass irgendwie von Anfang an die Führerschaft unklar war oder ein bisschen romantisch oder es kommt daher, dass der Älteste eigentlich sehr viele Schwierigkeiten hat, seine Eltern zufrieden zu machen. *(Zum Ältesten)* Hast du es immer so erlebt, dass deine Eltern eigentlich nicht mit dir zufrieden sind?

SOHN (12): Du fragst, ob ich das einmal erlebt habe?

JUUL: Nein, nicht einmal, sondern durchgehend.

SOHN (12): Ach so, eigentlich nicht. Eigentlich habe ich das gar nicht erlebt.

JUUL: Du hast das noch gar nicht erlebt, du weißt also ganz genau, die sind mit mir völlig zufrieden?

SOHN (12): Ja.

JUUL: Gut.

SOHN (12): Eigentlich schon, mit der Schule nicht so, aber sonst schon.

JUUL: Ok. Freut mich. Denn für mich ist es noch schwierig zu verstehen. Ich glaube, für euren Sohn ist es so, dass es eine gewisse Ordnung geben muss, ein System, und dann kann man mitarbeiten oder dagegen arbeiten. Im Moment bin ich ein bisschen mit dem Ältesten, wenn er sagt: Warum müssen wir immer so viel darüber reden, warum einen halben Roman darüber sagen? Es ist, wie es ist, und es gibt mindestens zwei temperamentvolle Mitglieder in dieser Familie.

MUTTER: Ja, wir sind uns auch sehr ähnlich, deshalb knallt es auch, und damit hab' ich auch kein Problem. Das Problem habe ich dann, wenn er zu mir sagt, ich bin ein Stück Scheiße in seinem Leben, dann krieg ich schon Probleme, und das ist das, wo ich nicht weiß, wo setze ich da die Grenze. Wir können uns streiten, wir können uns von mir aus auch fünfmal am Tag streiten.

JUUL: Du weißt eigentlich genau, wo du die Grenze gerne setzen möchtest.

MUTTER: Ja, dass er im Streit nicht solche Wörter zu mir sagt.

JUUL: Meiner Erfahrung nach gibt es nur einen Weg: Das sollte man als Elternteil nicht persönlich nehmen. *(Lachen)*

MUTTER: Das wurde mir auch irgendwann gesagt, und dann habe ich gedacht ok, und dann wurde es eigentlich auch besser. Ich rege mich dann nicht weiter auf. Und er weiß auch ganz genau, dass er mich damit provoziert.

JUUL: Ich weiß nicht, ob er in der Situation gerade eine Strategie hat, wie kann ich jetzt Mama umkippen. Das glaube ich nicht. Aber es kommt, und es entwickelt sich so, und ich glaube, so muss es sein. Ich sehe nichts, wenn ich diese Beispiele höre, wo ich sagen würde: Mein Gott, das ist ja ungesund, das sollte nicht so sein.

MUTTER: Ja, wir nehmen uns dann hinterher wieder in den Arm und dann sagt er: »Ich hab dich manchmal so lieb und manchmal so scheiße«, und so ist es wahrscheinlich einfach.

JUUL: Ja. So ist es.

MUTTER: Es ist auch nicht so, dass solche Streits täglich sind, es gibt dann auch wieder eine Phase, wo es gut geht und es ist alles in Ordnung und dann ist es halt wieder so ein Tag, wo ein paarmal so ein Streit passiert. Und wenn es dann zum dritten oder vierten Mal ein Streit mit so einer Wortwahl war, habe ich gedacht: Jetzt fängt die Pubertät an, wie geht denn das weiter?

JUUL: Genauso. Und vielleicht auch nicht. Denn oft ist es so, dass es die ersten zwölf, 13 Jahre nicht passiert und dann plötzlich kommt es. Es kann auch sein, dass es immer da war und nächstes Jahr ist es vorbei. Das kann man nicht wissen.

MUTTER: Manchmal sagt er: »Ich brauch dich gar nicht mehr so, weil ich größer werde, verstehst du das eigentlich nicht?« Und dann denke ich, er hat ja recht.
JUUL: Im Allgemeinen ist es wahr, wenn man elf, zwölf Jahre alt ist, dann kann man die Verantwortung für seine Schule übernehmen, aber man muss das wollen. Und es muss auch möglich sein, sich nach drei bis sechs Monaten anzuschauen: Wie geht es jetzt? Läuft es oder läuft es nicht? Sollen wir diese Verantwortung zurücknehmen, oder brauchst du Hilfe? Mein Gefühl ist, dass diese Übertragung von Verantwortlichkeit in eurer Familie ein bisschen zu schnell gegangen ist.
MUTTER: Ja, das war, als ich den Abend mit der Freundin zusammensaß und die ganze Nacht überlegt habe und dann morgens sagte: Gut, jetzt geht's los.
JUUL: Ah ja. Dann funktioniert es nicht.
MUTTER: Was auch klar in der Luft lag: Es muss jetzt was passieren.
JUUL: Ja. Es ist ja auch was passiert. Nur hat es nicht funktioniert.
MUTTER: Mit dem Aufstehen, das hat super funktioniert. Das war auch nervig, zehnmal zu rufen: »Jetzt müsst ihr aber!« und »Jetzt kommt runter!«. Was ich nicht weiß: Wo lässt man die Kinder ins offene Messer laufen, wenn sie dann dreimal den Bus verpassen oder indem sie am fünften Tag immer noch nicht in der Schule erscheinen? Denn ich sitz dann mit ihnen zu Hause. Sie sagen: »Ich habe verschlafen, ich kann jetzt nicht mehr in die Schule.«
JUUL: Eigenverantwortung kann aus zwei Quellen kommen. Eines der Kinder könnte sagen: »Jetzt ist das eigentlich vorbei, jetzt brauche ich dich als Mutter in diesem Sinne nicht mehr, jetzt mache ich es selber.« Oder es kann von den Eltern kommen, die sagen: »Jetzt ist es mir genug, ich bin so frustriert, wir müssen uns jeden Tag darüber streiten usw. und das will ich

nicht mehr.« Also: »Für mich ist es so, dass ich diese Verantwortung nicht mehr haben will.« Das ist ein richtiger Anfang. Aber dann kommt ja dieses ganz wichtige Gespräch, wo man das sagt und das Kind auch fragt: Willst du die Verantwortung haben? Was denkt der Sohn darüber? Stellt er sich vor, er kann das ganz alleine machen? Oder braucht er Hilfe, und von wem braucht er Hilfe und wofür? Und dann, wie gesagt, ein paar Mal, so drei-, viermal innerhalb des ersten Jahres, ein bisschen evaluieren und fragen: »Wie geht's eigentlich?« Die Noten sind ja ein gutes Anzeichen dafür, ob irgendwas nicht funktioniert. Ich würde also dieses Gespräch noch mal führen: Was machen wir mit dieser Verantwortlichkeit der Schule gegenüber. Und was für Hilfe braucht er? *(Zum Vater)* Ich hab noch keine Klarheit. Wenn du darüber redest (in deinem ersten Beispiel) und wenn deine Frau darüber redet: Denkst du, das ist ähnlich wie die Kämpfe der Mutter?

VATER: Ich sehe natürlich, dass der große Krach meistens zwischen ihr und dem ältesten Sohn stattfindet. Ich streite mich auch mit ihm, aber das ist eine andere Intensität, aber zum Teil auch heftig. Mit dem Thema der Eigenverantwortlichkeit würde mich auch noch mal interessieren: Wie weit muss man als Kind denn schon früh gelernt haben, Pflichten zu übernehmen, also etwas tun zu müssen, um überhaupt mit einer Eigenverantwortung umgehen zu können? So ist mein Eindruck häufig, dass unsere Kinder in einem sehr guten Nest groß werden, ohne viele Verpflichtungen. Wo immer es aber um ein Muss geht, also auch um eine Kleinigkeit: Du musst jetzt Zähne putzen, führt es ganz häufig zu einem Protest, obwohl es ja eigentlich etwas ist, was tagtäglich immer wieder gemacht wird, wo es auch kein Ausweichen gibt. Und mein Eindruck ist: Wir haben es vielleicht schon früh versäumt, quasi um der Pflichten willen Pflichten aufzuerlegen, damit sie das gewöhnt sind, dass es Dinge gibt, die man einfach zu tun hat. Was dann aber vielleicht ein guter Anker ist, sobald man in eine Eigenverantwortlichkeit kommt, weil man dann vielleicht in der Situation ist, in der man Dinge tun muss, auch wenn man es direkt nicht tun möchte. Und so habe ich manchmal das Gefühl, diese Erfahrung fehlt unseren Kindern, weil immer alles schon da war, schon für alles gesorgt wurde. Auch bis in die kleinsten Dinge. Das geht um Wäsche, Aufstehen, Essen, Hygiene und alles: dass also letztendlich wir *(Eltern)* immer für alles geradestanden.

JUUL: Ich glaube eigentlich, dass es keinen Zusammenhang gibt zwischen Eigenverantwortung und Verpflichtung. Beides ist wichtig, hat aber eigentlich nichts miteinander zu tun. Du redest ja jetzt über diese Pflichten und Verpflichtungen als eine Art Vorübung.

VATER: Ja, ob man so etwas erfahren soll: »Das muss ich jetzt halt tun.« Und später in der Eigenverantwortung: »Das muss ich jetzt halt für mich tun.« Der Nutzen zeigt sich erst nachher, auch wenn ich es jetzt nicht tun will. Aber das ist halt die Frage, das habe ich mich gefragt: Ob vielleicht darin die Schwierigkeit liegt für unsere Kinder, Aufgaben zu erfüllen.

JUUL: Ich glaube, das hängt nicht zusammen. – Für mich ist es im Moment sehr schwierig. Entweder stelle ich die falschen Fragen, oder meine Ohren funktionieren nicht. Jetzt versuche ich mal ein paar Aussagen, und dann sagt ihr *(Eltern)* mir beide Bescheid, ob das aus eurer Sicht so stimmt oder nicht. Manchmal bekomme ich den Eindruck, dass ihr beide Eltern seid, die sagen: »Wir versuchen immer das Gute zuerst, wir wollen es nett, freundlich, gemütlich usw. machen, und wenn das nicht funktioniert, dann gibt's Ärger, und dann wissen wir eigentlich nicht, was zu tun ist.« Das ist noch nicht ganz richtig, weil du sagst *(zum Vater):* »Ich weiß dann nicht, was zu tun ist«, du sagst *(zur Mutter):* »Eigentlich weiß ich, was zu tun ist, aber was ich mache, mag ich eigentlich nicht«, diesen durchgehenden Streit. Habe ich das richtig verstanden? Denkt ihr beide so? *(Nicken)*

Hm, ja, ok. Das ist ein bisschen gefährlich, denn das sogenannte Gute funktioniert oft nicht, und wenn wir dann zum Gegenteil gehen, dann funktioniert das auch nicht. Also zum Beispiel »Du musst Zähne putzen«: Wenn man das zehnmal sagt und es immer Streit gibt, dann kann man ja etwas davon lernen. Und das wäre? *(Pause)*

VATER: Das Zähneputzen wäre was, was ich schlecht in Eigenverantwortung abgeben könnte, aber auch nicht mit Belohnung versehen wollte. Sondern da denke ich einfach, das ist zu tun.

JUUL: Ok. Davon kann man lernen, dass die meisten Menschen auf dieser Welt (und das gilt auch für Kinder) es nicht mögen, dass jemand sagt: »Du musst jetzt.« Und besonders, wenn man so ein Krieger wie euer ältester Sohn ist, dann soll niemand mir sagen, was ich muss und was ich nicht muss. Das entscheide ich selbst.

MUTTER: Bei ihm trifft das jetzt ausgerechnet mit dem Zähneputzen nicht zu, aber bei allen anderen Sachen schon.

SOHN (12): Welche Sachen denn?

MUTTER: Du musst jetzt Hausaufgaben machen. Dann heißt es: »Ja, gleich. Ich komm gleich …«

VATER: Also Zähneputzen tut er schon immer sehr vorbildlich, das ist eher das Thema seines Bruders.

JUUL: Ja, vielleicht haben wir hier zwei Krieger, was weiß ich.

MUTTER: Manchmal denke ich mir, das gibt es doch gar nicht. Ein paar Sachen muss man doch einfach tun.

JUUL: Ja, das glauben ja Frauen immer … Irgendwas, das ich nicht genau spüren kann, funktioniert nicht zwischen euch beiden, ihr als Eltern und den beiden Kindern.

MUTTER: Ich denke immer, dass das was mit Autorität zu tun hat. Denn das hatte er schon immer, im Kindergarten mit den Erzieherinnen, in der Schule mit den Lehrern, auch innerhalb des Familienkreises herrscht die Meinung, dass er ganz große Schwierigkeiten hat, Autoritäten anzuerkennen. Und da frage ich mich schon, was habe ich denn am einen oder anderen Punkt falsch gemacht. Er sagt: »Ich habe keinen Respekt vor dir, du machst ja auch nichts, dass ich welchen haben müsste.«

JUUL: Was verstehst du darunter?

MUTTER: Wenn er mich zum Beispiel im Laden fragt: »Wie findest du diesen Pulli?«, dann sage ich: »Ich finde diesen Pulli nicht gut, aber wenn du ihn magst, ist das gut, das ist ja dein Geschmack«, dann hat er das Gefühl, dass er den Pulli jetzt auch nicht gut finden kann, weil ich ihn blöd finde, und dann entsteht ein Streit.

SOHN (12): So ist das nun nicht. Ich nehme so einen Pulli und wenn ich den gut finde und du ihn nicht, dann sagst du das meistens so, als wäre der Pulli der letzte Dreck.

MUTTER: Das stimmt ja gar nicht, ich sag nur, das ist nicht mein Geschmack. Aber ich kann doch auch nicht sagen, dass er toll ist, wenn er mir nicht gefällt.

JUUL: Aber hörst du, was er sagt?

MUTTER: *(überlegt)*

JUUL: Er sagt: »Für mich bist du eine große Autorität.«

MUTTER: Weil er möchte, dass ich den Pulli gut finde.

VATER: Nein, was deine Meinung ist.

JUUL: Weil es ihm sehr wichtig ist, was deine Meinung ist. Also, ich weiß im Moment nicht: Hat er ein Problem mit Autoritäten oder haben Autoritäten Probleme mit ihm. *(Lachen)*

MUTTER: Das ist schon immer die Frage.

JUUL: Denn, wenn ich das richtig verstanden habe, dann hat er ja recht. Als Erwachsener einem Kind gegenüber muss man seinen Respekt verdienen, und was er manchmal Autoritäten sagt, ist: »Bei mir hast du es noch nicht verdient« oder: »Ich hab' nicht automatisch Respekt nur deswegen, weil du erwachsen bist oder Lehrer oder Oma oder was weiß ich.« Das habe ich richtig verstanden? *(Nicken)* Ok. Ich muss leider ein bisschen in die Vergangenheit gehen. Wie war es von Anfang an? Was hattest du für Gedanken, für Gefühle, als du deinen Sohn die ersten paar Wochen getroffen hattest?

MUTTER: Ich weiß nur, das habe ich schon oft gedacht, das war schon früh so, dass ich mich provoziert gefühlt habe oder nicht wusste, was ich machen soll. Selbst als er ein kleines Kind war, wenn es lauter oder rappeliger wurde, ist er auf allen Vieren rausgekrabbelt und in einen Nebenraum gegangen, um dann für sich zu sein. Und ich kann mich gut daran erinnern, als er noch wirklich klein war, unter einem Jahr, und keinen Mittagsschlaf mehr machen wollte. Ich kann heute sagen, das war ja albern von mir, dass ich dachte: Er muss noch schlafen. Aber das ist dann ja auch so ein Teufelskreis: Wenn er jetzt nicht schläft, dann … Und da weiß ich noch genau die Gefühle. Ich stand da und dachte: Der *muss* doch jetzt einschlafen, das kann doch nicht angehen! Also das ist so ein Gefühl, das ich ganz deutlich weiß.

JUUL: Und es gibt wahrscheinlich noch 15 bis 20 Punkte, wo es ähnlich war, oder?

MUTTER: Es war einfach schon von Anfang an schwierig. In jeder Gruppe war sein Sozialverhalten schwierig. Also im Kindergarten, Grundschule oder das Problem jetzt mit seinem Bruder. Wo er noch mal provoziert und noch mal …

JUUL: Das sind ganz verschiedene Dinge. – Ich hab mehr und mehr eine Idee, eine Vorstellung, dass euer Sohn von Anfang an viel autonomer war als die meisten Kinder. Was ich immer höre: Er kann sich sehr gut abgrenzen, er kann sehr gut sagen, was er will und was er nicht will, auch von Anfang an, er ist auch sehr stark. Und das heißt ja, das meiste von dem, was wir als Eltern oder Erwachsene oder Pädagogen an Liebe, Fürsorge, Unterstützung anbieten, will er nicht haben. Ist das richtig, oder ist das nur meine Fantasie? ***(Eltern nicken)***

Es ist also so – ok. Dann habe ich einen Vorschlag. Das heißt, dass es noch nicht zu spät ist (es ist ja niemals zu spät, aber es ist eine gute Zeit), denn *(zum Sohn)* du bist jetzt zwölf? Ja. Mit ihm muss man reden, verhandeln, sprechen, in einer Art und Weise, wo man sich vorstellt, er ist nicht zwölf, sondern 32. Das heißt, nicht Vater und Mutter spielen. Wenn das passiert, reagiert er allergisch, das kann er nicht ertragen. Das ist schwierig für ihn, weil er sich oft einsam oder alleine fühlt, und das ist sehr schwierig für Eltern, manchmal auch für Pädagogen oder Lehrer, weil man sozusagen mit einem ganzen Korb oder Herz voll Geschenken dasteht, die man ihm gerne schenken möchte, und er will die nicht haben. Und was kann ich denn sonst anbieten? Das ist natürlich unheimlich schwierig, denn so viele Alternativen haben wir ja auch nicht im Kopf. Ich hab' schon ein bisschen darüber gesprochen, dass man mit Anfang der Pubertät als Sparringspartner fungieren muss, und das kann man mit autonomen Kindern eigentlich von Anfang an machen. »Ich sage, was ich meine«, d.h. er hat sich einen Pulli ausgesucht und er fragt dich, was meinst du, und du sagst: »Meine Meinung ist, ich würde das nicht selber tragen, aber ich sehe, wie das für dich passt.« Das wäre eine Antwort, und dann kann er wählen, und dann kann er sich auch für deinen Geschmack interessieren und sagen: »Ich finde den Pulli toll, warum du nicht?« Das ist nur ein kleines, dummes Beispiel. Normalerweise sage ich, den meisten Kindern kann man einen Teller servieren und sagen: »Hier gibt's was zu essen«, und dann essen die Kinder. Mit diesem Jungen ist das nicht so, da muss man ein Buffet haben. Dann kommt er, wenn er Hunger hat, und dann wählt er, was er will.

Es gibt ja viel Wertvolles in Kopf und Herz, bei beiden Eltern. Aber es steht eurem Sohn nicht zur Verfügung. Wenn ich das ein bisschen deutlicher sagen darf (und das sage ich nicht, um romantisch zu sein): Der Prozess der Liebe funktioniert eigentlich nicht zwischen euch. Es funktioniert manchmal, jeder weiß, dass es da ist, aber es hat viel mehr Potenzial. Es gibt sehr viel mehr in beiden Eltern, was er gut gebrauchen könnte, und es gibt viel mehr in ihm, das er zurückgeben könnte. Dabei muss man sich aber wirklich vorstellen, dass er ein Erwachsener ist. Wenn ich sage, dass es im Allgemeinen mit zwölf für Erziehung zu spät ist, dann war es hier eigentlich immer zu spät. Als Eltern von anderen Kindern kann man weitermachen, und es wird nur für ein paar Jahre unangenehm werden. Aber hier muss es aufhören. Es ist genau so, als würde man ihm jeden Morgen Cornflakes geben, und genau Cornflakes kann er nicht verdauen, davon wird ihm schlecht. Ich kann noch mehr Bilder verwenden, aber ich möchte gerne jetzt wissen: Wie hört sich das für euch beide an, passt es irgendwie oder passt es nicht?

MUTTER: Für mich passt es sehr gut. Es ist ein Grundgefühl, wo ich die letzten Wochen auch gespürt habe, dass es in die Richtung geht.

JUUL: Ich habe ein bisschen darüber geschrieben in dem Buch *Nein aus Liebe*, da geht es über Kinder, die so auf die Welt kommen. Man kann sich immer auch als Elternteil überlegen: War ich auch so ein Kind?

MUTTER: Ich war so!

JUUL: Du warst so ein Kind! Ok, dann ist es ja wenigstens kein Mysterium. Und was haben deine Eltern gemacht? Ist es deinen Eltern gelungen, dich »zu knicken«?

MUTTER: Ich glaube nicht. Meine Mutter hat vor zwei, drei Jahren mal gesagt: »Es war immer schwierig, dich in die Familie zu integrieren.« Und ich habe vor zwei Jahren angefangen, Yoga zu machen, und seitdem kann ich vieles viel besser einordnen und für mich selber klären.

JUUL: Was deine Mutter sagt, ist: »Ich hab' dich eigentlich nicht richtig verstehen können.«

MUTTER: Das kann sie wohl manchmal heute noch nicht. Aber das erwarte ich auch nicht.

JUUL: Das muss sie auch nicht.

MUTTER: Ja, das muss sie auch nicht.

JUUL: Aber als Eltern eines kleinen Kindes möchten wir das natürlich gerne. Und das ist genauso hier. Er lässt sich nur integrieren, wenn er spürt: »Ich kann sein, wie ich bin, und man soll mir nicht sagen, ich soll anders sein. Man soll mich überhaupt nicht ›benennen‹.« Man kann ehrlich sein, also offen sein, und sagen: »Jetzt machst du mich wahnsinnig« oder »Jetzt gehe ich, sonst haue ich dir eine runter.« Das kann man sagen, aber man kann ihn nicht definieren und sagen: »Du bist so und du bist so.« Dann »peng«, haut er zurück. Dieser Druck kann (*kann*, sag ich,) ein Teil einer Erklärung sein, weshalb er dauernd an seinem kleinen Bruder dran ist. Er muss diesen Druck irgendwie verteilen. *(Zum Sohn)* Erst einmal muss ich sicher sein und dich deshalb fragen: Wenn ich über dich rede, erkennst du dich wieder in dem, was ich sage?

SOHN (12): Eigentlich schon.

JUUL: Das heißt: ja, fast total?

SOHN (12): So könnte man es sagen.

JUUL: Ja, ok. – Damit kann man jetzt spielen. Ihr habt ja alle Humor, und man kann sagen: Jetzt, ab dem heutigen Tag, haben wir ein neues Kind. Dieses Kind müssen wir kennenlernen. Der Junge hat es so weit mit unserer Unterstützung und eigentlich wenig von dem, was wir anzubieten hatten, geschafft. Er schafft es in der Schule usw., die Noten sind momentan nicht sehr gut, das ist etwas anderes, aber stellt euch mal vor, was er schaffen könnte, wenn er alles zur Verfügung hätte? Wenn er nicht immer kämpfen müsste? Dann gibt's viele, viele Möglichkeiten.

Man kann ihm als Eltern durchaus sagen: »Ich weiß, was der Jesper gesagt hat, ich weiß, ich sollte es nicht sagen *(den Sohn nicht »benennen« oder sagen, wie er ist)*, aber ich muss es jetzt sagen, weil es gerade so in meinem Mund brennt. Ich muss sagen (und du musst es nicht hören, aber ich muss es sagen), dass so und so und so ...« Wir müssen uns ja auch als Eltern als wertvoll erleben! Wir können nicht nur sagen: Ok, dann macht er es halt selber ... Er braucht dringend diese Beziehung, aber eine Beziehung, in der er nicht als schwieriges Kleinkind behandelt wird. Sondern als 32-Jähriger, ich kann es nicht besser sagen. Sich das vorzustellen ist schwierig, er ist ja noch klein. Man kann zu ihm wie zu einem Freund gehen und ihn um Feedback bitten. Als Vater kann man sagen: »Mein Gefühl ist, ich sollte jetzt so und so mit dir umgehen, was glaubst du?« Man kann ihn als Berater benützen, für die Elternschaft, für die Elternrolle. Er weiß genau, was er braucht und was er nicht braucht. Das ist das Besondere an diesen Kindern, die wissen das ganz genau, aber sie wollen, wie alle anderen, nicht gerne einsam sein. *(Pause)*

Ja? Wir können natürlich noch viel mehr darüber reden, aber jetzt glaube ich, sollten wir wenigstens eine Pause machen. Das ist ja so ungewohnt und neu. Alle müssen sich ein bisschen darauf einstellen und dann sehen, was wir damit machen können.

VATER: Vielen Dank für das Gespräch, es waren viele Aspekte dabei, die sehr fruchtbar waren.

JUUL (ZUM SOHN): Mach's gut!

SOHN (12): Ja.

FAMILIE 3

Schulprobleme und Vertrauen

DABEI SIND: MUTTER, VATER, DIE GEMEINSAME TOCHTER (16)

JUUL: Wer von euch möchte gerne anfangen?
MUTTER: Ich möchte anfangen. Mein zentrales Thema ist die Schule. Ich sage schon, »mein« zentrales Thema, weil ich nicht weiß, wie ich damit umgehen soll, dass unsere Tochter so schlecht in der Schule ist und gleichzeitig sagt, sie ist eigenverantwortlich, was ich auch finde. Ich hab schon alle Phasen über Kontrolle, Hilfe, Nachhilfe, Selbsthilfe und – ja und jetzt Rückzug, seit ungefähr einem halben Jahr, hinter mir und merke einfach, dass es sehr grenzgängerisch ist, was sie macht, d.h. sie könnte vielleicht von der Schule verwiesen werden, und ich weiß nicht, ob ich mich richtig verhalte mit meinem beobachtenden Rückzug.
JUUL: Kannst du das beantworten?
TOCHTER: Ja, ich finde, sie macht sich immer viel zu viele Sorgen, denn ich pack das Ganze schon selber, aber sie versucht ständig, mich zu kontrollieren und damit komme ich nicht klar – gar nicht.
JUUL: Was heißt das, du kommst gar nicht damit klar?
TOCHTER: Ich hasse es, wenn mir jemand was vorschreiben will. Und da mache ich dann zu und mach gar nichts mehr.
JUUL: Dein Vorschlag ist …?
TOCHTER: Ja, abwarten.
JUUL: Abwarten? Und heißt das auch, ganz neutral, also passiv sein?
TOCHTER: Ja, schon, keine Ahnung. Ich sehe da nicht so ein gro-

ßes Problem wie meine Eltern. Deswegen mache ich mir auch keine Gedanken darüber.

JUUL: Das weiß ich, aber jetzt rede ich nicht darüber, welche Probleme *du* in der Schule hast oder nicht hast. Sondern von deiner Mutter. Deine Mutter sitzt hier und sagt: »*Ich* glaube, es gibt hier ein Problem, und *ich* weiß nicht, was ich machen kann.« Du sagst, wenn ich dich richtig verstehe: Wenn du mich fragst, so wenig wie möglich.

TOCHTER: ...

JUUL: Das hab ich nicht verstanden, war das Ja oder Nein?

TOCHTER: Ja.

JUUL: Ok.

MUTTER: Ich finde, dass das seit diesem Schuljahr auch so läuft, auch weil ich mich da wund gescheuert fühle bei dem Thema. Es läuft das dritte Jahr sehr schlecht und ich weiß nicht, wie lange die Lehrer noch gnädig sind, und das ist auch so ein Damoklesschwert, das anscheinend über mir schwebt, und aber nicht über ihr. Ich hab das Angebot gemacht, dass sie jederzeit kommen kann, wenn sie Hilfe braucht, ich selber gebe sie ihr nicht, weil ich mich dann in den Stoff einarbeiten müsste, das ist nie gut gegangen zwischen uns. Ich konnte die Sachen dann hinterher immer und sie nicht. Das Angebot, dass wir uns gemeinsam um Hilfe umschauen (und es ist ja auch schon mal passiert), hat sie. Ich weiß nicht, ob ich mehr Netz ausspannen kann und soll. Wie weit gehe ich? Wie weit ist es zu thematisieren, dass die Schule vorbei ist? Vielleicht will sie gar nicht mehr auf die Schule usw. Also es sind Fragen, in denen ich ständig irgendwie kreise. Und das, was ich gehört habe jetzt gerade *(von der Tochter)*, das habe ich schon oft gehört, und ich finde, dass ich es beherzige in diesem Schuljahr, auch aus reinem Egoismus. Es kostet viel Zeit, sich um die Schule zu kümmern, und ich kümmere mich jetzt einfach um andere Dinge. Die mich betreffen. Nichtsdestotrotz kümmern sich die Lehrer auch um mich, d.h.

es gibt natürlich Lehrerkontakte, die mich überraschen, wenn ich mich jetzt so rausziehe. Die Lehrer rufen an und sagen mir dann mal kurz Bescheid.

JUUL: Und was sagst du?

MUTTER: Ich habe mit einem Lehrer gesprochen, der mich voll und ganz verstanden hat, weil er selber zwei solche Söhne zu Hause hat. Ich weiß nicht, was ich ihr anbieten kann.

JUUL: Eines ist ja sicher: Um ein Problem zu lösen, gemeinsam zu lösen, müssen alle wahrnehmen, dass es ein Problem gibt, und das haben wir hier nicht.

MUTTER: Richtig, und darin liegt wahrscheinlich die Diskrepanz.

JUUL: Da liegt es nicht wahrscheinlich, da liegt es ganz sicher.

VATER: Ich glaube, wir nehmen das schon alle als ein Problem wahr, aber aus unterschiedlichen Perspektiven. Für mich ist es auch so, dass es für mich ein Problem ist. Dass ich mir schwertue, das, was wir uns vorgenommen haben, durchzuhalten, dass unsere Tochter alleine entscheiden und verantworten soll, wenn dann die Lehrer anrufen und sagen, da hat es wieder disziplinarische Probleme an der Schule gegeben oder sie hat wieder schlechte Noten gehabt, von denen wir vorher noch nichts erfahren haben. Da sind wir beide uns auch nicht einig, ob wir weiter bei der Zurückhaltung bleiben oder doch intervenieren sollen. Wir hatten ja heute schon das Beispiel mit dem morgens Aufstehen. Eigentlich hatten wir schon längst ausgemacht, dass wir sie alleine aufstehen lassen. Ich kann es mir nicht verkneifen, in der Früh mindestens zweimal im Zimmer zu stehen und sie daran zu erinnern, dass jetzt schon Zeit ist. Da ärgere ich mich dann über mich selber, gleichzeitig ist es auch so, dass sie es schafft, doch in der allerletzten Minute aus dem Haus zu gehen.

MUTTER: Auch das ist anscheinend nur unser Problem.

JUUL: Das, glaube ich, kann niemand beurteilen. Was wir sagen können, ist, es gibt eine Beobachtung, es gibt eine Geschichte, mit beiden Eltern, und beide Eltern sagen: »Wir sollten eigentlich etwas damit machen, wir würden gerne etwas damit machen.« Und dann gibt es die Tochter, die sagt: »Da gibt's kein Problem und ich will keine Hilfe.« Jetzt kommt die große Frage: Inwieweit hat diese Entwicklung über die letzten Jahre Ihr Vertrauen in Ihre Tochter zerstört?

MUTTER: Ich will das nicht so ganz global sagen mit dem Vertrauen. Das, was Zuverlässigkeit und Schule anbetrifft, da ist das Vertrauen zerstört, da ist wenig Boden da, da ist nur Hoffnung da, aber wenig Vertrauen. Sonst würde ich sagen, was sie auch sagt, sie hat ihr Leben schon im Griff, es gibt ja noch andere Themen als Zuverlässigkeit und Absprachen. Da hab ich ein runderes Gefühl, ein stimmigeres Gefühl, dass sie die anderen Sachen schon auf Reihe kriegt, aber bei Schule nicht.

JUUL: Dann reden wir ein bisschen über Vertrauen.

MUTTER: Ok.

VATER: Bei mir ist das anders. Also ich habe das Vertrauen, dass unsere Tochter das schafft, was sie schaffen will, auch was Schule betrifft. Und ich habe auch das Vertrauen, dass sie weiterhin in die Schule geht, und ich find das schon eine ganze Menge.

JUUL: Ich möchte gerne ein bisschen über dieses Vertrauen reden. Denn sie hat sich mehr und mehr alleine gestellt in Bezug auf die Schule und andere Dinge, sich separiert und autonom gemacht, und d.h. was kann man als Eltern eigentlich noch anbieten? Dann wird Vertrauen sehr wichtig, also nicht nur in Beziehung zu gewissen Themen wie Schule etc. Sondern ein Grundvertrauen in eure Tochter als Mensch, dass sie das Beste mit ihrem Leben macht, was sie schaffen kann. Und ich höre nicht ganz klar, ob dieses Vertrauen existiert oder nicht.

MUTTER: Ich bin auch nicht ganz klar. Wenn Sie mich entscheiden lassen müssten, ich könnte es nicht. Wenn es ihr Leben bedeutet, Schule und Ausbildung, dann bin ich völlig verunsichert. Wenn es aber heißt, mit Menschen umgehen, in die Welt hinausgehen, auf beiden Beinen stehen, dann kann ich sagen: Ja, das kriegt sie hin. Widerspricht sich das in Ihren Augen? Ich habe gerade überlegt, wie sich das anhört.

JUUL: Es widerspricht sich mit meinen Ohren. *(Lachen)* Da ist so teilweise Vertrauen. Und ich will eigentlich nichts darüber sagen, ob das richtig oder falsch ist. Nur aus meiner Erfahrung mit Jugendlichen ist Vertrauen das überhaupt Wichtigste. Ich brauche das Vertrauen meiner Eltern nicht, wenn alles gut geht, sondern ich brauche es, wenn es nicht gut geht. Und Vertrauen darf nicht heißen: Ich mache es jetzt, wie die beiden Alten glauben, dass ich es machen soll. Sondern es bedeutet, wie ich schon gesagt habe, Vertrauen, dass ich mit den Möglichkeiten, die ich habe, mit allem, was ich von meinen Eltern bekommen habe, mit der Summe, dass ich damit das Beste mache, was ich kann. Dieses Vertrauen ist sehr wichtig. Man kann ohne überleben. Aber dann ist es sehr hilfreich, wenn klar ist, dass es nicht zur Verfügung steht.

MUTTER: Und in meinem Fall ist das jetzt nicht klar?

JUUL: In meinen Ohren nicht. Aber manchmal hilft es ja, wenn man es laut ausspricht und sich selber zuhört: Wie ist das jetzt?

MUTTER: Gibt es geteiltes Vertrauen? Frag ich mich dann.

JUUL: Ja und nein, aber dann hat es eigentlich nichts mit Vertrauen zu tun. Ich verwende oft ein Bild. Als ich noch Chef von 60 Personen war, habe ich einen langjährigen Alkoholiker als Computertechniker angestellt. Der hatte so über 15 Jahre ein Muster entwickelt, dass er so vier- bis fünfmal pro Jahr einen halben Tag trinkt, dann wird er total krank und geht ins Hospital und ist 14 Tage später wieder da. Und ich habe ihn angestellt und ein dreiviertel Jahr ist nichts passiert, dann ist es passiert, und er gibt mir danach seine Kündigung. Ich sagte: »Warum?«, er sagte: »Du kannst mir ja jetzt nicht mehr vertrauen«. Ich sagte: »Du hast mein volles Vertrauen! Ich habe einen Alkoholiker angestellt, und ich vertraue darauf, dass du drei-, vier-, fünfmal pro Jahr so ein Theater machst. Du hast mein volles Vertrauen.« Ich habe keine Erwartung, dass wenn man 40 Jahre Alkoholiker war, dann komme ich wie ein Gott und sage: »Du kannst für mich arbeiten, aber dann musst du aufhören zu trinken.« Das steht nicht in unserem Vertrag und es wäre auch blöd, wenn es so wäre. Darum geht es. Und um dieses Gefühl: Ich schau jetzt meine Tochter an und ich genieße es. Meine Tochter ist ein wunderbares Mädchen, nur ich und mein Mann konnten so ein wunderbares Mädchen machen, sind wir glücklich!

MUTTER: Ähm *(lacht)*, aber … Ich hab mir das mit der Baustelle *(im Gehirn der Jugendlichen)* schon zu Herzen genommen, mit den Konsequenzen, denn die Konsequenzen sehe ja nur ich.

JUUL: Wer weiß, die Tochter könnte auch zu 25 Prozent zuhören, wenn die Eltern von Konsequenzen sprechen. Das kann man nicht wissen. Tatsache ist, es gab – wie lange das her ist, weiß ich nicht – es gab irgendeinen Konflikt mit ihrer Beziehung zur Schule, zu Lernen, usw. Die Eltern haben sich Sorgen gemacht, haben sich darum gekümmert, haben Verschiedenes versucht, haben gesagt: »Wir müssen da was machen«, haben viele verschiedene Dinge versucht, das hat alles mehr oder weniger nichts geholfen. Und jetzt sind wir an einem Punkt, wo es nur eine Möglichkeit gibt, d.h. dass der Vater sich zur Tochter setzt und sagt: »Kannst du nicht für mich deine Mutter glücklich machen?«

MUTTER: *(lacht)* Was die Schule betrifft!

JUUL: Es geht ja nur um die Schule! Was ich sagen möchte, ist: Eure Tochter hat natürlich wie alle anderen ihre Grenzen und Begrenzungen, genau wie die beiden Eltern. Und die Eltern stehen da und werden mit ihren Begrenzungen konfrontiert und wissen nicht mehr, was zu tun ist. Vielleicht steht eure Tochter auch da und ist mit ihrer Begrenzung konfrontiert und weiß nicht mehr, was sie tun soll. Alle Versuche, das zu verbessern, sind nicht gelungen. Man kann sich als Eltern entscheiden und sagen, es liegen zwei Dinge auf dem Tisch: Es gibt unsere Tochter, und es gibt unser Projekt, dass unsere Tochter besser werden sollte in der Schule. Im Moment haben wir keinen Erfolg mit unserem Projekt gehabt, also hören wir jetzt damit auf und machen kein Projekt mehr daraus. Unsere Tochter ist intelligent, und wir können ihr das *ein*mal sagen: »Wenn du Hilfe brauchst, bist du herzlich willkommen«, das ist es.

MUTTER: Das reicht schon?

JUUL: Das wissen wir nicht. Aber wir wissen, was möglich ist, was realistisch ist. Über alles andere können wir stundenlang reden, aber das schafft nur Nebel um diese Fakten. Wenn wir deinen pessimistischen Prognosen bis zum Ende folgen, dann können wir uns vorstellen, dass eine Zeit kommen wird, wo eure Tochter Eltern braucht. Und dann ist es wichtig, dass beide Eltern auch zur Verfügung stehen. Dass man also nicht da sitzt und sagt: »Hättest du nur« oder »Ich habe ja immer gesagt …« Sondern dass man wirklich da sein und sagen kann: »Das ist meine Rolle als Vater und Mutter: Wir hätten gerne, dass unsere Tochter mehr von uns nützen könnte, als sie tut. Aber so sieht's im Moment nicht aus. Es sieht so aus, dass sie alles hat, was zur Verfügung war, und sie hat es genützt, und jetzt ist es vorbei, jetzt gibt es den Kühlschrank nicht mehr.« Und deswegen sagt sie auch: Ich muss es alleine schaffen.

MUTTER: Und das Alleine ist dann auch das Alleine. Es wurde ja vorher gesagt, nicht alleine lassen, aber das ist wohl abhängig vom Altersunterschied, oder? Also das ist das, wo ich so eine Gratwanderung mache: Was heißt jetzt alleine, wie viel ist alleine?

JUUL: Also alleine – es ist schwierig, über diese Begriffe zu reden. Für mich sieht es so aus, als ob sie in gewissem Sinne sehr einsam ist, und deshalb sollte man sie auch nicht immer alleine lassen. Aber das kommt auch darauf an, ob ich im selben Raum sein kann, nur als ein anderer Mensch, ohne Mutter zu spielen oder zu sein. Das ist schwer. Aber es ist auch sehr deutlich, dass sie mit ihrer Stimme und ihrem Körper sagt: »Mutti, bleib weg.«

MUTTER: Ja, das stimmt.

JUUL: Es gibt eine alte Tradition zwischen Eltern und Kindern: Es gibt traditionellerweise nicht sehr viele Dialoge zwischen Eltern und Kindern. Es gibt Eltern, die ständig Fragen stellen über Kindergarten, Schule usw., und dann beantworten die Kinder diese Fragen die ersten sieben bis acht Jahre mit einer langen Geschichte und vielen Details, und dann hört es langsam auf. Dann ist es oft schwierig: Die Jugendlichen wollen zwar auch Kontakt haben, aber nicht länger Fragen beantworten! Denn Fragen *beantworten* heißt, man muss sich verwundbar machen. Fragen zu *stellen* heißt, man kann sich hinter seinen Fragen verstecken und ist nicht verwundbar. Und das ist nicht gleichwürdig. Oft sitzt man da mit einem 15-, 16-, 17-Jährigen und sagt: Mein Gott, aber wenn ich keine Fragen stellen darf, dann kriege ich ja überhaupt keine Informationen, was soll ich dann machen? Die Antwort ist: Dann muss man reden. Man muss sich vorstellen: Das ist jetzt nicht mein Kind, sondern meine gute Freundin oder mein Mann. Was würde ich heute meiner Freundin oder meinem Mann erzählen? Habe ich etwas erlebt, habe ich etwas gelesen, habe ich einen guten oder schlechten Tag gehabt? Aussagen statt Fragen. Und wenn man etwas aussagt, etwas formuliert, dann hört man automatisch auf, Mutter zu spielen, denn dann redet man über sich und seine Gedanken und seine Erlebnisse. Und hört auf zu sagen: »Du, du, du …« Dann ist es wie am Telefon, wenn es »du, du, du« macht, bedeutet das, es gibt keine Verbindung. Das wissen wir ja alle, daran erinnern wir uns nur nicht. Das ist etwas, was wir üben müssen, aber es ist auch die beste Möglichkeit, eine neue Beziehung aufzubauen. Denn offensichtlich ist die Beziehung zwischen euch beiden und eurer Tochter als Eltern-Kind-Beziehung vorbei. Die gibt es nicht mehr.

MUTTER: Das macht es halt besonders schwierig, wenn das Kind dann wieder Kind wird. Das Hotel Mama usw. Wir haben ja schon alle Themen durch.

JUUL: Ich bin 60 Jahre alt und benehme mich auch manchmal wie ein Siebenjähriger, das gehört nicht nur zu Jugendlichen. Es ist richtig, dass Jugendliche diese Mischung schaffen: »Jetzt musst du mit mir wie mit einem Erwachsenen reden, aber ich möchte mich wie ein Kind benehmen.« Diese Situation wird dann hoffentlich bald durch die Erfahrung der Eltern gerettet, denn das schaffen die Jugendlichen nicht immer selber. Aber das muss aufhören, und dann gibt es viele Möglichkeiten für neue Inhalte. Da bin ich ganz sicher. Aber dieses Spiel, und ich sage nicht Spiel, um es als oberflächlich zu bewerten, es ist vorbei. Lange bist du zu ihr gekommen und hast gesagt: »Hier sind die Vitamine«, und lange hat eure Tochter schon gesagt: »Nein danke, ich brauche keine«, und dann kommt natürlich die Erfahrung und du sagst: »Jeder braucht Vitamine.«

MUTTER: Genau. Und das soll ich nicht sagen?

JUUL: Nein, denn dann sagst du: »Nicht nur bin ich mit deinen Leistungen in der Schule unzufrieden, sondern ich denke, du bist auch ein bisschen unintelligent, darum sage ich jeden Tag dasselbe, damit ich es nicht vergesse.« Das geht nicht. Es kann sein, dass es eine Zeitlang ein bisschen leiser zu Hause wird. Aber es gibt ja Platz für etwas anderes. *(Zur Tochter)* Ich versuche im Moment, für dich zu sprechen. Wie ist das? Schaffe ich das oder nicht?

TOCHTER: Ja, gut.

JUUL: Du kannst mich korrigieren. Bin ich erfolgreich oder nur so halb?

TOCHTER: Schon.

JUUL (ZUR MUTTER): Das war die Übersetzung.

MUTTER: Ja, ich denke, ich habe es schon verstanden. Es ist ja nicht ganz fremd. – Der Übergang ist halt das Schwierige.

JUUL: Ja, in jeder Familie ist er verschieden. Und es tut ja weh in diesem Fall, wenn sich eure Tochter so deutlich verteidigt, denn man hat ja nicht das Gefühl, dass man sich im Angriff befindet.
MUTTER: Ja, das verstehe ich, was du sagst.
JUUL: Aber dieser Schmerz gehört zwischen euch beide Eltern, nicht zwischen Mutter und Tochter. Traurig ist es ein bisschen.
MUTTER: Ja. Das Nicht-mehr-gebraucht-Werden ist da sicher mit drin.
JUUL: Aber bei der Geburt hast du wahrscheinlich auch geheult.
MUTTER: Ja, es ist schon angekommen.
JUUL: Ja, das sehe ich. Es ist auch schon vorher angekommen.
MUTTER: Ich habe gehört, was ich eh schon angefangen habe zu denken.
JUUL: Danke.
ELTERN: Danke.

RÜCKMELDUNG DER BETEILIGTEN FAMILIE NACH VIER WOCHEN

MUTTER: Das Seminar war für uns anregend wie auch etwas erleichternd, auch dadurch, dass alle Themen, die uns sonst im Alltag begleiten, angesprochen wurden. Ich habe als Zuhörerin von den Runden sehr profitiert. Kleine Veränderungen gibt es im Umgang. Unsere Tochter nimmt wieder häufiger an den Abendessen teil. Ich selbst erziehe mich dazu, meine Meinung zu vertreten, ohne Verbote in den Raum zu stellen. Damit geht es auch mir besser. Bei unserem zentralen Problem, dem grenzgängerischen Schulverhalten, haben wir keine weiteren Schritte machen können, und die Situation ist unverändert.

FAMILIE 4

Kanonen und Streitkultur

DABEI SIND: MUTTER, VATER, TOCHTER DER MUTTER (14), DIE GEMEINSAME TOCHTER (10). ZWEI KLEINERE TÖCHTER (4, 1) SIND NICHT MIT DABEI

VATER: Mein Hauptproblem ist, es ist für mich oft ganz schwer, wenn die beiden Töchter einen so anfahren in ihrem Jugendjargon. Das irgendwie zu verarbeiten, da habe ich ein großes Problem, da fühle ich mich oft total hilflos. Was mach ich dann, wie geh ich damit um, wie reagiere ich darauf? Das ist für mich ein großes Problem, wobei ich vorwegschicken muss, dass ich ganz großartige Kinder habe und die alles toll meistern, ich bin auch echt voll stolz auf sie. Aber diese Dinge verarbeite ich schwer. Da bräuchte ich mal ein bisschen Hilfe oder was kann ich da gut oder besser machen oder wie verhalte ich mich da am besten?

JUUL: Das ist das Thema Nummer eins, oder?

MUTTER: Wir sind uns nicht ganz schlüssig, welches unser Hauptthema ist. Viele Themen sind schon gefallen. Wir haben zwei unserer kleineren Kinder hier nicht mit, weil die noch zu klein sind, aber wir sind eine Familie mit vier Töchtern, die eine Riesenspannweite hat von der Ältesten bis hin zu einer Eineinhalbjährigen und darin, das ist für mich das Schwierige, diese Gratwanderung der Altersstufen. Was mein Mann schon gesagt hat: Ja, der Jugendjargon und das Ganze, und das mit unseren kleinen Kindern dann auch wieder zu vereinbaren, da geht es ordentlich zu bei uns zu Hause. Können Sie sich vielleicht vorstellen.

JUUL: Und gibt es da für dich ein anderes Thema oder können wir hiermit anfangen und dann weitermachen?

MUTTER: Wir können damit anfangen und dann vielleicht überleiten.

JUUL (ZUM VATER): Wenn du jetzt nur zwei Sätze hättest (du redest ja nicht so gerne, stimmt's?), zwei Sätze: Was wolltest du dann gerne den beiden Mädchen über dich sagen?

VATER: Ihr seid großartig.

JUUL: Das war über die Mädchen, nicht über dich. Jetzt hast du noch zwei.

VATER: Schwierig … da fehlen mir momentan die Worte. Ich kann es nicht ausdrücken.

JUUL: Ja, nimm dir Zeit.

VATER: Ich komme jetzt auf keinen Trichter momentan.

JUUL: Ok, ich helfe dir ein bisschen.

VATER: Ja, hilf mir mal ein bisschen.

JUUL: Erster Satz ist: Mir tut es weh.

VATER: Damit habe ich immer ein Problem, wenn ich so einen harten Angriff kriege mit harten Worten. Von meinem Elternhaus her habe ich niemanden, der mir da geholfen oder eine Richtung gewiesen hätte. Und dann reagiere ich vielleicht oft zu hart.

JUUL: Das ist alles ok, aber das ist eine Analyse. Ich wollte gerne eine Botschaft haben. Jetzt hast du gesagt, dir tut's weh, wenn die das machen. Jetzt: Was willst du von den beiden?

VATER: Sie sollen freundlicher sein. Sie können ruhig auch mal eklig sein, aber auch mal freundlich, nicht so hart.

JUUL: Ist es richtig, dass so ein bisschen freundlicher genügt?

VATER: Ja, das ist richtig.

JUUL (ZUR ÄLTESTEN TOCHTER): Kannst du das beantworten?

TOCHTER (14): Ja, ich denk schon. Wenn ich mit Papa streite oder so, dann ist es schon so, dass ich viel rumschreie und vielleicht auch nicht immer nett bin, denn ich bin total temperamentvoll, aber er ist auch oft so wie ich. Mich stört es nicht, wenn wir uns streiten, und vielleicht ist es in Ordnung, wenn *er* eher so mit mir redet, als wenn *ich* mit ihm so rede, weil ich ja eigentlich Respekt haben müsste – hab ich auch, aber dann, wenn ich mich mit ihm streite, dann irgendwie …

JUUL: Wenn ich das höre und dich nicht kenne, dann denke ich: Ok, wenn man sich streitet, dann muss man ja irgendeine Waffe haben, und wie dein Vater sagt, dann passiert es ab und zu oder ganz oft, dass du mit Kanonen schießt, und er wünscht sich eine kleine Lady-Pistole. Die Frage ist natürlich: Ist er manchmal für dich so groß oder so machtvoll, dass für dich diese Kanone wirklich notwendig ist?

TOCHTER (14): Ja, also er ist generell ganz ruhig, aber wenn er dann mal ausrastet, das passiert ganz, ganz selten (denn meistens zieht er sich dann immer zurück), aber wenn, dann … Wir sind sehr verschieden, denn er ist nicht mein leiblicher Vater. Die Mama sagt, ich ähnele meinem leiblichen Vater ziemlich und hab' auch sein Verhalten geerbt, aber ich weiß nicht, ob man das erben kann, aber sie meint, ich bin ihm ziemlich ähnlich, und das ist dann halt das Problem, dass ich mit Papa öfter aneinander gerate als meine anderen Geschwister, weil ich halt einfach so anders bin.

JUUL: Hast du einen Vorschlag? Halt, jetzt muss ich erst wissen: Wie lange habt ihr beiden zusammengelebt?

TOCHTER (14): Seit ich eineinhalb Jahre alt bin.

JUUL: Schon sehr lange.

VATER: Das ist meine Tochter da, da gibt es nichts zu reden.

JUUL: Dabei bleibst du – ohne Gene.

VATER: Nix Gene.

JUUL: Hast du einen Vorschlag für ihn, was er anders machen könnte, sodass du nicht mit den großen Kanonen kommen musst?

TOCHTER (14): Wenn ich zum Beispiel am Computer sitze – ich darf eigentlich nur dreimal die Woche für eine halbe Stunde.

Aber ich bin eigentlich schon öfter wie dreimal die Woche dran, aber die Zeit finde ich meistens in Ordnung, wenn ich dran bin, von der Länge her, das sagt auch die Mama oder der Papa. Aber er kommt dann halt teilweise schon nach 20 Minuten und sagt: »Jetzt geh weg, es müssen auch noch andere dran« und so, und er sitzt am Abend dann aber selber dreieinhalb Stunden dran: Das regt mich dann halt tierisch auf, wenn ich nach 20 Minuten schon angemault werde, ich soll weg gehen, und ihn dann keiner anmault, wenn er dran sitzen darf. Es ist zwar sein Computer, aber …

JUUL: Wenn es diese Regel nicht gäbe, wie siehst es aus für dich: Wie würdest du mit dem PC umgehen?

TOCHTER (14): Ich glaube, auch wenn es die Regel nicht gäbe, ich würde schon erst mein anderes Zeug erledigen und danach an den Computer gehen (der steht bei uns eh im Wohnzimmer, da geht eigentlich jeder dran vorbei) und dann vielleicht auch nicht jeden Tag, sondern jeden zweiten Tag und dann eine halbe, dreiviertel Stunde.

JUUL: Ich frage, weil ich glaube, das ist einfach zu verstehen: Wenn dein Stiefvater so als Polizist kommt, dann sagt das natürlich mehr oder weniger direkt, dass du seine kriminelle Tochter bist. Und deswegen möchte ich gerne wissen, ob das auch so ist oder ob du glaubst, ihr könnt das ohne Polizei in der Familie schaffen.

TOCHTER (14): Ich folge ihm nicht immer. Ich höre auf die Mama, aber nicht auf den Papa.

JUUL: *(lacht)*

TOCHTER (14): Weil die Mama ist die, die ekelhaft wird, der Papa ist da eher lascher, auch in der Früh beim Aufstehen. Ich steh nicht auf und dann kommt der Papa drei- oder viermal rein und ich steh immer noch nicht auf und dann kommt die Mama einmal rein und dann bin ich sofort auf den Beinen, weil die dann ekelhaft wird.

JUUL: Die Mama ist …? Das hab ich nicht gehört.

TOCHTER (14): Die Mama kommt rein und dann bin ich sofort wach, weil die dann ekelhaft wird.

JUUL: Also die Mama wird ekelhaft, wenn du nicht aufstehst, und was ist der große Unterschied?

TOCHTER (14): Dass der Papa – da ist irgendwie nichts. Er kommt zwar immer rein und sagt: »Ja raus jetzt« und so, aber dann dreh ich mich halt um und schlaf weiter.

JUUL: Ok.

VATER: Aber du kommst in die Schule und das ist das Wichtigste.

TOCHTER (14): Jeden Tag.

JUUL: Auf der einen Seite macht er auf dich keinen Eindruck, auf der anderen Seite glaubst du, er ist zu viel Polizist und deswegen musst du dich mit schweren Waffen verteidigen.

TOCHTER (14): Polizist vielleicht nicht, aber es ist immer ein bisschen komisch. Wir haben Pferde, und er sagt zu mir, ich soll zu den Pferden gehen, dann bin ich oben, und dann kommt aber auch gleichzeitig: »Dann kannst du auch den Stall ausmisten.« Ich geh' ziemlich selten zu meinem Pferd und wenn ich dann geh, dann kommt sofort wieder: »Du kannst auch Stall ausmisten«, und das weiß ich halt und dann geh ich lieber gar nicht, bevor ich dann den Stall ausmisten soll.

JUUL: Das hab ich alles verstanden. Was jetzt fehlt oder was ich jetzt untersuche, ist: Hast du eine Alternative für deinen Papa? Was könnte er stattdessen machen, wenn du daran denkst, was er eigentlich will?

TOCHTER (14): Das habe ich nicht verstanden.

JUUL: Er kommt zu dir in einer bestimmten Art und Weise, und entweder kommst du dann mit den Kanonen oder du sagst: Es macht mir nichts, was er sagt, oder ich verliere meine Lust überhaupt zu meinem Pferd zu gehen.

TOCHTER (14): Das mit der Kanone ist ja erst, wenn er dann rumnervt.

JUUL: Ja, ja, ja, aber es ist ja deine Kanone, die sitzt in deinem Mund! Hast du einen Vorschlag? Du musst keinen haben, aber ich glaube immer, Eltern fragen oft Leute wie mich und könnten genauso gut ihre Kinder fragen. Deswegen bin ich ein bisschen neugierig, ob du einen Vorschlag hast.

TOCHTER (14): Ja, wenn ich was mache, soll er nicht gleich nach fünf Minuten sagen: »Geh wieder weg, hör auf«, also Computer, Fernsehen, Telefonieren oder so. Das ist nur das mit den Medien und dann draußen mit den Pferden, das sind die Probleme. Wenn ich rausgehe, dass er dann nicht sagt: »Miste den Stall aus«, sondern dass er mich mich um mein Pferd kümmern lässt. Er ist sicher froh, wenn ich mich um mein Pferd kümmere, aber dann soll er nicht sagen, dass ich den Stall ausmisten soll, sondern mich dann halt nur ums Pferd kümmern soll.

JUUL (ZUM VATER): Macht das Sinn für dich?

VATER: Es macht einen gewissen Sinn für mich, und ich habe auch schon einen Weg gefunden, das kannst du auch bestimmt bestätigen *(zur Stieftochter)*, denn ich habe mich immer furchtbar aufgeregt über diese Dinge, wenn das nicht läuft oder nicht so ist. Und ich nehme es jetzt einfach ein bisschen lockerer in letzter Zeit (diese Regeln, die ich in mir hab', ein bisschen dehnen), und damit fahren wir jetzt eigentlich ganz gut, es geht besser.

JUUL: Jetzt ist nur eine Frage übrig. Das ist interessant: Wenn die Tochter so ekelhaft wird und die Tochter sagt: Ich hab das wahrscheinlich von meinem Vater, und zwei Minuten später beschreibt sie ihre Mama als ekelhaft, dann weiß ich nicht: Kommt das von Mama oder vom Papa?

TOCHTER (14): Das ekelhaft kommt nicht vom Papa, das Ekelhafte kommt von der Mama, aber das andere, dass ich mit dem Papa öfters aneinandergerate, weil wir einfach so verschieden sind, kommt ….

JUUL: Jetzt redest du vom leiblichen Papa.

TOCHTER (14): Ja.

JUUL: Das war ein bisschen durcheinander. *(Zum Vater)* Was kannst du machen? Es gibt mehrere Möglichkeiten. Ein Mann mit vier Frauen oder sogar fünf Frauen, das ist sowieso nicht einfach.

VATER: Es geht mir ganz gut, nur manchmal ist Stress. Aber ich kann mich überwiegend nicht beschweren. Es sind alle ganz tolle Mädels.

JUUL: Ja, aber tolle Mädels sind ja auch nicht einfach.

VATER: Das ist das andere. Die sind nicht einfach. Da braucht man schon ein gewisses Nervenkostüm.

JUUL: Meiner Erfahrung nach muss man sich schützen.

VATER: Da muss ich noch ein bisschen arbeiten an mir.

JUUL: Den einzigen Weg, den ich kenne, und das heißt nicht nur den 13-, 15- und Fünfjährigen gegenüber, sondern auch den 35-, 40-Jährigen gegenüber: Wenn du merkst, das tut mir zu weh, dann geh' weg. Denn die Alternativen wären, stehen bleiben wie ein Idiot und die alle schießen lassen, oder man kann seine eigene Kanone mitbringen, und das führt ja in diesem Fall zu nichts.

VATER: Das wird zu laut, das bringt nichts.

JUUL: Weggehen, das ist mein Vorschlag. Es gibt ein altes Sprichwort: »Man muss das Eisen schmieden, wenn es heiß ist« – das geht hier nicht. Hier muss man warten, bis es kalt ist. Wenn es wirklich heiß ist, dann geh weg. Sonst brennst du dich, und deine Tochter fühlt sich nachher schuldig. So kannst du eigentlich alle beide schützen, und das hat nichts mit Schwäche zu tun. Das bedeutet nicht: Ich kann nicht kämpfen, oder ich kann meine Grenzen nicht setzen oder so. Aber ich weiß einfach nicht, was tun, und als der Mann mit Überblick sozusagen gehe ich jetzt weg. Das ist ein Vorschlag. Wie ist das für dich, wenn du darüber nachdenkst? Wäre das möglich?

VATER: Den Vorschlag habe ich schon mal wo gehört oder mir irgendwo rausgezogen, und ich glaube, es ist für mich persönlich in so harten Zeiten die bessere Lösung, sich einfach zu distanzieren. Dass man sich einfach entfernt, dass es nicht eskaliert. Dann kann ich wieder frisch rangehen. Das ist für mich persönlich der bessere Weg. Aber das habe ich schon herausgefunden.

JUUL (ZUR TOCHTER): Ich muss dich fragen: Wenn du so aufgeregt bist, dann kannst du eigentlich nicht hören. Ist das richtig?

TOCHTER (14): Ja.

JUUL: Also hilft es nicht, wenn jemand Nein sagt.

TOCHTER (14): Dann wird es noch schlimmer.

JUUL: Ja.

TOCHTER (14): Aber es ist schon besser geworden, finde ich. Ich war vor einem halben Jahr noch schlimmer, glaube ich.

JUUL: Ja, ja, das weiß ich, und ich weiß auch, wenn du 50 bist, ist es auch nicht so schlimm. *(Lachen)* Aber es geht nicht darum, dass *du* schlimm bist, es geht darum, dass es für deinen Vater schlimm ist. Und darum, was er machen kann. Er kann natürlich dich fragen und kann sagen: »Kannst du mich bitte davor schützen?« Die Antwort ist: »Nein, wenn es so heiß wird, dann kann ich nicht.« Er bittet dich sozusagen, und du sagst: »Leider kann ich das nicht versprechen.« *(Tochter nickt)* Deshalb muss er sich selber schützen.

TOCHTER (14): Das kann er ja.

JUUL: Bis jetzt nicht!

VATER: Nein, nicht immer.

JUUL (ZUR TOCHTER): Das kann er nur in deiner Fantasie.

TOCHTER (14): Ich sehe das halt so, weil er ist erwachsen, 37, und ich bin 14. Er hat viel mehr Erfahrung, der muss das doch irgendwie selber können. Ich mein, ich kann mich ja auch vor ihm schützen.

JUUL: Ja, machst du ja auch, oder nicht?

TOCHTER (14): Aber ich versteh nicht, warum er das dann nicht kann? Es ist eigentlich nicht so schlimm, ich probier' eh schon immer, vor ihm lieb zu sein.

JUUL: Das musst du auch nicht notwendigerweise verstehen, du musst es nur wissen. So ist es: Das kann er nicht. Jetzt haben wir gesagt: Er kann versuchen wegzugehen, wenn es ein bisschen wehtut, sodass es nicht so ganz groß wird. Aber deine Idee, dass Menschen über 30 sich selber schützen können, ist falsch. So ist es nicht. Das heißt, wenn es möglich für dich ist, musst du auch diese alten Leute schützen. *(Lachen)* Ich verstehe, dass du die Vorstellung hast: »Ich bin erst 14 und deshalb habe ich freien Spielraum. Ich muss noch nicht richtig verantwortlich sein und so lange spiele ich.« – Da kann ich nicht mitmachen und will ich auch nicht mitmachen. Ich will dir nur sagen, dass es so nicht ist. Man kann als Kind oder Jugendlicher etwas sagen oder etwas tun, wo Eltern, aber auch andere Erwachsene, sich überhaupt nicht schützen können und leider auch oft Gedanken oder Gefühle haben, die sagen: »Aber ich kann meinem Kind die Wahrheit über mich nicht sagen. Ich kann meinem Kind nicht sagen, wie weh das eigentlich tut« oder »Ich kann vor meinem Kind nicht heulen« oder so. Diese Illusion, wie es ist, erwachsen zu sein, teilen die meisten Erwachsenen ja auch, du bist nicht allein. Aber hier reden wir über Schadensbegrenzung, denn wenn das nicht passiert, wenn der Vater das nicht macht *(sich schützen)*, dann wird es ein Problem in eurer Beziehung. Nicht notwendigerweise ein sehr großes Problem, aber es wird ein Problem. Das nicht sein muss. Du hast eben eine interessante Frage gestellt: Kann man das erben?

TOCHTER (14): Vielleicht nicht erben, sondern abkucken.

JUUL: Das ist oft so eine Mischung. 14 Jahre hast du mit deiner Mutter zusammengelebt, elf Jahre mit diesem Mann, und siehst du deinen leiblichen Vater? Kaum.

TOCHTER (14): Selten.

JUUL: War das immer so?

TOCHTER (14): Nein, früher hat sich noch die Mama drum gekümmert, aber inzwischen bin ich älter. Aber es ist gibt viele Probleme mit ihm.

JUUL: Jetzt kommt eine schwierige Frage. Wem glaubst du, so von Natur, Persönlichkeit usw., bist du ähnlicher, deiner Mutter oder deinem Vater?

TOCHTER (14): Eher noch dem Papa.

JUUL (ZUR MUTTER): Was glaubst du?

MUTTER: Ich sehe viele Ähnlichkeiten, die sie mit mir hat, und dann wechselt es. Im Moment hat sie selbst gesagt, dass sie ihrem leiblichen Vater tatsächlich sehr ähnlich ist. Ich habe ihr das auch schon gesagt, ein- bis zweimal.

TOCHTER (14): Ja, im Moment, aber nicht immer.

MUTTER: Im Moment schon, es wechselt so. Es ist schon so, dass du mit deinem leiblichen Vater viel Ähnlichkeit hast.

JUUL: Mit dem Vater?

MUTTER: Mit ihrem leiblichen Vater, ja. Wo ich auch ein großes Problem in unserer Familie sehe, die Ähnlichkeit, die sie eben hat, und das ist so anders mit meinem jetzigen Mann, und das macht es auch so schwer bei uns.

JUUL: Ich glaube auch, das wird zwischen den beiden Vätern ein bisschen ungerecht verteilt. Also deinen leiblichen Vater solltest du ein bisschen mehr »rumhauen« und deinen Stiefvater vielleicht ein bisschen weniger.

TOCHTER (14): Ich hau' ihn ja eh nicht viel rum, aber bei meinem leiblichen Vater traue ich mich das nicht.

JUUL: Ja, das verstehe ich.

TOCHTER (14): Ich habe ihm das letzte Mal gesagt, dass er wie ein Jugendlicher ist, und dann ist er gleich wieder so stur gewesen und meinte: »Toll, wenn du meinst, dann lass es halt. Ich finde es nicht.« Er benimmt sich dann wie meine sechsjährige Schwester.

JUUL: Das heißt aber, dass dein Stiefvater ab und zu ein bisschen mehr abkriegt, als ihm eigentlich zukommt, und so muss es ja sein.

VATER: Das ist auch völlig in Ordnung, so soll es ja auch sein, wo soll sie denn sonst hin? Mit ihrem leiblichen Vater kann sie ja nichts anfangen.

JUUL (ZUR MUTTER): Wir haben noch Zeit, wenn du noch irgendetwas auf deiner Agenda hast.

MUTTER: Die Überleitung ist jetzt gar nicht so einfach. Ich denk auch, dass meine älteste Tochter viel an ihrem Stiefvater ablässt, was eigentlich ihm nicht gehört.

TOCHTER (14): Das macht er aber auch bei mir.

MUTTER: Ja, und umgekehrt auch, das stimmt schon. Er ist auf mich wütend, da gibt's auch diese Tendenz, und er lässt es an ihr aus. Also das findet auch statt bei uns. Und dann passiert es in der ganzen Familie, wenn wir die ganze nehmen, dass wir beiden Eltern oft an eine Grenze kommen. Total überfordert sind, wirklich, da das Wickelkind und dann dieser Zirkus mit der großen Tochter dauernd. Wie wir da einen Weg finden können.

JUUL: Was ist das für ein dauernder Zirkus mit der großen Tochter?

MUTTER: Na ja, ich mein, sie ist klassisch jugendlich. Forderungen eine nach der anderen: »Das will ich, das will ich.« Es ist dieses Schnell-was-Hinwerfen: »Darf ich das«, und dabei bin ich gerade so beschäftigt, und ich habe mir jetzt eh' schon angewöhnt zu sagen: »Ich denke drüber nach«, um mir ein bisschen Spielraum zu geben. In letzter Zeit geht das jetzt relativ gut, aber nicht immer, und die bombardieren einen immer so, die Kinder. Also das finde ich schlimm.

Es ist wirklich schwierig zu sagen, wo wir anfangen können. Es ist viel, also angefangen bei der Patchworkfamilie, bis hin auch eine Art Großfamilie zu sein, Schulproblematiken, Eigenverantwortlichkeit, ganz viele Themen gibt es bei uns. Eigentlich alles aufeinander. Wo kann ich auch loslassen, bei der großen Tochter, weil ich auch noch viele Kleine habe, wo noch nicht?

JUUL: Sag mir, was du denkst. Welche Möglichkeiten gibt es, loszulassen?

MUTTER: Es ist, wie bei der Familie vorher, schwierig für mich zu sagen. Da ist die Schule, da denke ich, habe ich losgelassen. Dann ist es dieses anfangende Weggehen, wo sie immer weggehen möchte. Da kann ich noch nicht loslassen, weil ich zu viel Angst habe.

JUUL: Weggehen, Freunde besuchen?

MUTTER: Ja, nach München, alleine in die Großstadt gehen, wir kommen vom Land. *(Tochter:* Untertags.*)* Und sie möchte alleine mit einer Freundin, das finde ich einfach noch nicht so dran. Das sind alles so Themen, wo's ums Alleinemachen geht. Dann ist das nächste Thema, das mir schwer ist, dieses Bombardieren, diese Sprache, die sich dann auf alle, auch auf die Kleinen, und die Lautstärke auswirkt. Also, ich find es einfach im Gesamten wahnsinnig schwer auszuhalten bei uns. Was von der Jugendseite rein kommt, finde ich manchmal so richtig schade, dass das Schöne mit den kleinen Kindern so verloren geht.

JUUL: Das waren ja alles Punkte, wo du denkst: Da kann ich nicht loslassen.

MUTTER: Also loslassen kann ich seit einem guten halben Jahr. Die älteste Tochter hat einen Schulwechsel hinter sich und hat jetzt Freunde, mit denen ich absolut einverstanden bin, was vorher nicht der Fall war. Da kann ich jetzt loslassen.

JUUL: Ich muss sagen, meine Sorgen gehen nicht Richtung eurer ältesten Tochter. Das läuft, wie das laufen soll und muss, glaube ich. Meine Sorgen gehen in deine Richtung. Denn wie es aussieht, macht es dir keinen Spaß mehr.

MUTTER: Im Moment nicht.

JUUL: Dieser Moment hat wie lange gedauert?

MUTTER: Ja, das ist etwa ein halbes Jahr, wo es wirklich so ist, dass ich es sehr beschwerlich finde und mühsam alles, ja.

JUUL: Kannst du dir vorstellen, wie sich das ab morgen verbessern kann?

MUTTER: Schwer vorstellbar im Moment. Ich steck so drin in dem ganzen Alltag, also ich kann es mir schwer vorstellen. Da bräuchte ich Hilfe.

JUUL: Ja, ich hab keine Antwort dafür, aber ich wollte nur wissen, ob du das auf lange Sicht so sagen kannst: »Ja, jetzt muss ich noch zehn Jahre mitmachen und dann, hoffentlich, ist es vorbei«, oder suchst du irgendeine Lösung?

MUTTER: Ich such auf jeden Fall eine momentane Lösung, denn das wäre ja schade, wenn ich sag: »Zehn Jahre durchhalten und dann ist es vorbei.« Nein, so möchte ich das gar nicht sehen. Ich möchte wirklich aus dem, wie es ist, das Beste schaffen, ja. Ich denke uns beiden, das ist uns beiden sehr wichtig.

JUUL (ZUM VATER): Hast du einen Vorschlag? Jetzt tun wir so, als ob sie nicht hier wäre. Hast du Ideen, was deine Frau machen kann oder was jemand für deine Frau machen könnte, dass es besser wird?

VATER: Sie kann nur für sich selbst eine gewisse Art von Lockerheit herstellen, dass sie in sich selber nicht so gepresst ist, dass sie nicht so viel Ängste hat, was Schule betrifft, wie die Kinder dann groß werden, dass sie halt da ein bisschen, wie soll ich sagen, ruhiger wird. Weil ich glaube, dass die Kinder jetzt nicht alle so beschädigt sind, dass sie nicht ihren Weg finden werden. Da bin ich mir schon ganz sicher, dass die alle ihren Weg machen werden. Auch bei der Ältesten bin ich mir ganz sicher, die schafft das schon. Und da kann ich nur sagen, dass sie *(die Mutter)* vielleicht selbst ein bisschen was für sich tut. Das macht sie auch schon, dass sie nicht so gepresst und ängstlich immer ist, weil sie das ja auch in vielem hemmt.

JUUL: Das war: »Was kann sie für sich selber tun.« Kannst du dir noch etwas anderes vorstellen?

VATER: Also, ich kann von meiner Seite aus halt nur schauen, dass ich helfe, das in gewissen Dingen nicht so schwer zu sehen, oder sie mehr unterstütze mit dem, was ich halt tun kann. Aber ich bin nicht so ängstlich wie sie. Unser Ziel ist ja gemeinsam, wir wollen das ja gemeinsam gut schaffen, dass die Kinder anständig durchkommen, durch alles, und keinen großen Schaden nehmen. Von dem her muss sie selber sagen, was ihr gut tun würde oder wo sie nicht so viele Ängste hat gegenüber den Jugendlichen oder was da noch alles kommt. Denn wir stehen ja noch am Anfang, relativ am Anfang. Wir haben vier. Die Älteste ist jetzt 14, die Zweite fängt auch schon an mit zehn jetzt langsam, und da wird ja noch viel mehr kommen, denke ich mal.

JUUL (ZUR MUTTER): Hast du eine Vorstellung? Was kannst du, was könntest du theoretisch für dich machen, damit es dir besser geht?

MUTTER: Ich habe vor zwei Monaten angefangen, ein neues Instrument zu spielen, und da merke ich, das ist ein Ausklinken, was ich manchmal tue, und das tut mir gut. Einen Kindheitswunsch habe ich mir erfüllt mit meiner neuen Gitarre, und das hat schon in diesen zwei Monaten ein bisschen neuen Wind bei uns reingebracht. Ich kann dann auch mal eine Viertelstunde auf dem Sofa sitzen und üben. Sonst sehe ich wenig Möglichkeit, weil eben die Kleinen mich noch so stark brauchen. Das ist halt so.

JUUL: Die Kleinen, wie alt sind die?

MUTTER: Die Jüngste ist erst eineinhalb.

JUUL: Ok, dann kannst du die langsam auch ein bisschen loslassen. In einem halben Jahr will sie alles selber machen, dann ist das auch ein Problem. – Ich glaube, wenn wir mit den Leuten um dich rum, deinen Kindern, deinem Mann usw., reden würden und sie fragen: »Was ist eigentlich das Beste an ihr, was ist das für eine Qualität, in der eure Mutter, deine Frau so gut ist?«, dann glaube ich, die würden sagen: »Ihre Freude.« Glaubst du das auch?

MUTTER: Meinst du, dass ich Freude habe?

JUUL: Ja, es gibt viel Freude hier.

MUTTER: Ja, ich freue mich sehr an meinen Kindern und vielen anderen Dingen.

JUUL: Ja, das glaube ich. Was ich gerne möchte, ist, dass du dich über dein eigenes Leben mehr freust. Denn jetzt merkst du es noch, dass du unzufrieden bist, aber das ist so wie ein langsamer Abschied. Die Freude geht langsam weg, und das braucht mehr als eine Viertelstunde pro Tag, um sie zu behalten. Jetzt stelle ich eine furchtbare Frage. Wenn du ganz ehrlich sein musst, erlebst du dich eigentlich als eine alleinerziehende Mutter mit guter Hilfe?

MUTTER: Das kann ich definitiv mit Ja beantworten.

JUUL: Ich will jetzt nicht über Ursachen sprechen, sondern darüber, was für Medikamente jetzt nötig sind. Ich glaube, dass dein Mann sehr viel macht, aber du bist mit der Verantwortlichkeit mit dem ganzen Zirkus alleine – oder siehst dich als alleine. Ich glaube auch, Verantwortlichkeit oder, wie dein Mann das nennt, Ängstlichkeit von dir wegzunehmen, das kann man nur nachts machen, wenn du schläfst! *(Lachen) (Zum Vater)* Ich glaube, was du sagst, ist richtig, aber irgendwie kommt es nicht an. Denn du sprichst auch davon, was sie alles alleine machen muss, und sie macht sowieso zu viel alleine. Es geht also darum, einen Teil dieser Verantwortung zu übernehmen. Kinder sind das einzige Feld bei Eltern, wo alle beide 100 Prozent verantwortlich sein können. Wenn es um Haushalt, Einkaufen, Auto, Rasen usw. geht, dann wird es mehr oder weniger verteilt, und dann muss eigentlich bloß einer verantwortlich sein. Aber hier geht's um etwas anderes. Und ich glaube, es wäre sehr gut, wenn du langsam mehr Verantwortung übernimmst. Ich weiß, du machst dich am Anfang in diesem Prozess nicht beliebt. Ich glaube, deine Frau hat einen ganz großen Überblick, ganz feste Meinungen, ganz klare Wertvorstellungen, und sie weiß eigentlich genau, wie alles sein sollte.

VATER: Das weiß sie auch.

JUUL: Und das heißt, ein Partner zu sein, ist nicht einfach. Man kann ein bisschen entlasten, man kann manchmal was machen, man kann alle vier Stunden weggehen usw., das geht. Aber diese Verantwortung zu übernehmen und zu sagen: »Jetzt mache ich es, und ich mache es, wie ich es will und wie ich das denke, und wenn du Kommentare dazu hast, dann kannst du ein Buch schreiben, und wenn ich in Pension gehe, dann will ich vielleicht das Buch lesen.«

VATER: Aha.

JUUL (ZUR MUTTER): Das ist notwendig. Denn das ist es, was deine Lebensfreude langsam wegnimmt: dass du wirklich alleine bist, auch in einer Zeit, wo du so eine große Familie hast und so viel Lebensenergie in die Kinder, zwei Ehen gepumpt hast. Und jetzt solltest du eigentlich deine Belohnung haben. Aber es kommt nicht. – *(Zum Vater)* Jetzt muss ich aber wissen, hast du eine Ahnung, worüber ich rede?

VATER: Doch, innerlich spüre ich das schon, aber ich kann es nicht immer umsetzen. Ich spüre das sehr deutlich im Herzen, was gemeint ist und was sie braucht und was sie auch jeden Tag leistet bei den Kindern. Das spüre ich schon deutlich, und ich schaue immer, wo ich was machen kann, wo ich ihr helfen kann. Aber wie gesagt, ich hatte kein solches Elternhaus, um mich hat sich niemand gekümmert, und da habe ich es auch nicht so leicht mit solchen Dingen, und ich versuche halt, wo ich kann. Und ich hoffe, sie weiß das und merkt es auch.

JUUL: Ja, kein Zweifel! Wir reden jetzt über deine Frau, die sehr, sehr verantwortlich ist, aber Schwierigkeiten mit ihrer Eigenverantwortlichkeit hat. Sie kann Nein sagen, wenn irgendwas um sie herum falsch ist, das schafft sie. Aber Nein zu sagen in dem Sinne, dass sie Ja zu sich sagt, zu ihren Bedürfnissen, das ist für sie schwierig. Das ist auch ein einsamer Prozess, aber mit Unterstützung dieser Art geht es normalerweise. Aber es muss sein, sonst hat sie immer diese Erklärung oder Entschuldigung: »Jemand muss das machen, und dieser Jemand bin ich.« Es ist schwierig und dieser Lernprozess dauert die nächsten zehn Jahre. *(Zur Mutter)* Man kann seine Freiminuten haben, wie du es jetzt machst, und das können auch Freistunden sein, das können auch Freitage sein, das ist alles gut, aber das ist leider nur Erholung, und das genügt nicht. Was du deinen Kinder alles gibst, so viel brauchen die nicht. Kannst du das glauben?

MUTTER: Ja, kann ich schon glauben.

JUUL: Ok, dann bin ich zufrieden.

MUTTER: Ja.

JUUL: Ok. Die Kinder haben alles gekriegt, und es geht so weiter, aber jetzt müssen wir so eine Privatstiftung für dich haben.

MUTTER: So groß brauch ich es dann auch nicht. Ein bisschen schon, so ein bisschen Verantwortung mal von mir runter. Das hast du schon ganz richtig erkannt.

JUUL: Leider bist du nicht ein bisschen korrupt, du bist ganz korrupt. Wenn jemand sagt: »Ich brauche nur ganz wenig«, dann ist das nicht wahr. Du brauchst ganz viel.

MUTTER: Na gut, dann bin ich so ehrlich, dass viel recht wäre.

JUUL: Darfst du! Hast du verdient! Schon lange. Ok?

VATER: Vielen Dank.

FAMILIE 5

Computer und Medien

DABEI SIND: MUTTER, VATER, TOCHTER (17), SOHN (13)

JUUL: So, jetzt bin ich gespannt.

MUTTER: Ja, vieles von unseren Themen ist schon besprochen worden. Wir haben schon ein großes Thema, was mich sehr betrifft, das sind die Medien in der Familie. Ich habe einen sehr medienbegeisterten Sohn, was ich, muss ich ehrlich sagen, schwer nachvollziehen kann, denn ich arbeite mit dem PC, ich schaue wenig fern, aber mir fehlt das auch nicht. Ich kann das mit diesen Computerspielen schwer verstehen. Derzeit haben wir das Thema eigener Fernseher im Zimmer oder nicht. Und ich merke, ich habe heute schon gut aufgepasst, ich merke schon so, dass ich ihn auf der einen Seite gut unterstützen und ihn verstehen kann und das auch erlauben kann, weil ich aus meiner eigenen Kindheit weiß, dass es nicht gut ist, wenn etwas total verboten wird.

Auf der anderen Seite habe ich ein Werteproblem damit. Wie viel ist gut, kann er seinen Medienkonsum wirklich schon eigenhändig regeln, weiß er, wann genug ist? Ich möchte nicht den ganzen Nachmittag in seinem Zimmer sitzen müssen, um es zu kontrollieren. Genauso natürlich mit dem Computer. Das ist jetzt so das Thema.

JUUL: Wenn du über einen Wertekonflikt oder ein Werteproblem redest, was heißt das: Was sind deine Werte?

MUTTER: Wenn ich ganz ehrlich bin, ist tief in mir drinnen: zu viel ist schlecht. Da ist eine Stimme in mir: zu viel ist für die Kinder schlecht. Ich möchte ihn da vor etwas schützen, gerade vor gewaltsamen Computerspielen zum Beispiel oder Fernsehsendungen, wo ich denke, das ist nicht gut für ihn.

JUUL: Und gut heißt?

MUTTER: Das beeinflusst ihn nicht günstig, ist für seine Entwicklung nicht gut.

JUUL: Und das heißt?

MUTTER: Ja, was heißt das? … Schwierig. Kann er damit umgehen, kann er diese Computerspiele, die oft sehr gewaltsam sind – überträgt er das dann nicht in sein Leben? Irgendwann mal?

JUUL (ZUM SOHN): Kannst du deiner Mutter die Frage kurz beantworten?

SOHN (13): Ich denke, dass es jetzt nicht so schlimm ist, denn ich mache ja zum Beispiel noch Sport oder treffe mich mit Freunden oder so. Ich sitze ja auch nicht den ganzen Tag davor, ich muss ja auch noch ein bisschen Schule machen. Deshalb denke ich, dass es nicht so problematisch ist. Weil ich gerne noch andere Sachen mache.

JUUL: Was denkst du darüber?

MUTTER: Das ist gut so, ja.

JUUL: Aber?

MUTTER: Manchmal ist es mir trotzdem zu viel *(lacht)*.

JUUL: Deswegen frage ich.

MUTTER: Aha.

JUUL: Denn eine Aussage ist: »Manchmal ist es *mir* zu viel«, und eine andere ist: »Manchmal ist es *dir* zu viel«.

MUTTER: Ihm, zu viel?

JUUL: Ja, denn dass es *dir* zu viel ist, das ist ja nicht wichtig. Oder anders gesagt, das hat nichts mit *seiner* Entwicklung zu tun. *(Zum Vater)* Mittlerweile möchte ich gerne hören: Was meinst du dazu?

VATER: Ich sehe es von den Werten her ein bisschen anders, also: »Fernsehen ist schlecht«, überspitzt formuliert, persönlich sehe ich das nicht so. Wir beide *(Sohn/Vater)* kommen oft in eine Unterhaltung rein, die eher über die Qualität des Fernsehens geht. Was mich persönlich am meisten stört, das sind diese absolut niveaulosen Sendungen, wo man sagt, da gewöhnst du dir einfach irgendwas an, was ich nicht mittragen möchte. Das ist die eine Geschichte. Die andere Geschichte ist, dass ich sehr oft mitkriege – beim Fernsehen jetzt weniger, eher wenn er so vorm PC sitzt –, er sagt ursprünglich, er geht jetzt runter und spielt ein bisschen, um sich zu erholen, und kommt dann entweder total frustriert oder total geladen vom PC weg. Da merke ich halt, das ist irgendwas, was ihm zumindest in dem Moment nicht gut tut.

JUUL (ZUM SOHN): Erkennst du dich wieder in diesem Bild?

SOHN: Ja, manchmal schon, aber ich würde sagen, es kommt halt nicht so häufig vor, das ist eher weniger problematisch.

JUUL: Ok.

VATER: Was mir noch eingefallen ist: Also für mich ist auch ein Knackpunkt, wenn niemand da ist, der ihn an bestimmte Sachen erinnert, dass dann halt alles Mögliche liegenbleibt, was er eigentlich machen sollte. Was er also im Normalfall, wenn ich jetzt da wäre, auch machen würde, aber weil gerade keiner da ist, ist die Verlockung des PCs oder des Fernsehers höher, und dann passiert beiden *(Sohn/Tochter)*, dass sie alles liegenlassen und sich dann lieber vor den Fernseher setzen und sich da berieseln lassen.

JUUL: Weißt du, wann sich das ändert?

VATER: Wissen tue ich es nicht, wissen tue ich es nur dann, wenn ich lange genug zuschaue. Ich hab so eine Ahnung, die ich vielleicht tief in mir drin gar nicht wahrhaben will. Wenn sie aus ihrer Sicht genug fernsehen dürften, dann würden sie es nicht dann tun, wenn sie es nicht »sollen«. Das ist sicher eine Komponente, die da mit reinspielt.

JUUL: Das hört auf, wenn wir alle Glück haben, wenn die beiden selber Eltern werden, dann hört es auf. Früher nicht. Ich verstehe diese Überlegungen, das ist ja alles neu, die Experten können sich nicht einigen untereinander. Ich hab keine Ahnung, was ist genug, was ist zu viel. Was ich weiß, ist Folgendes: Es gibt immer Phänomene, die für einige Jugendliche gefährlich sind, also man experimentiert, man geht damit um und wird entweder Opfer oder nicht. Das kommt nicht darauf an, ob es Computerspiele oder Fernsehen oder Drogen oder Alkohol oder Sex ist. Das kommt darauf an, was in der Entwicklung der Kinder die ersten acht bis zehn Jahre passiert ist. Worüber wir jetzt reden ist eigentlich: Ist es möglich, dass unsere Kinder von unseren Erfahrungen lernen können? Und das ist, soweit ich weiß, nicht möglich.

VATER: In dem Bereich auf jeden Fall nicht, denn mit Fernsehen hätten wir vielleicht Erfahrung, aber auch nicht in der Menge, wie es das heute gibt. Und beim PC muss ich sagen, ich kenne das Gängige, aber mit dem Ding spielen – über Kartenspielen am PC bin ich nie rausgekommen. Die Erfahrungen muss er selber machen, deswegen ist es wahrscheinlich auch so, dass wir eher in der ängstlich beobachtenden Stellung sitzen: Was passiert da jetzt?

JUUL: Eins will ich zuerst sagen: Jetzt gibt es Regeln. Und eure beiden Kinder kooperieren damit, das heißt mehr oder weniger folgen beide den Regeln. Im Moment gibt es also eigentlich keinen Grund zur Änderung. Wenn die beiden nicht mehr mitmachen und es jeden Tag oder drei Mal pro Woche zu einem großen Konflikt kommt – also zu dem, was ich destruktive Konflikte nenne, d.h. Konflikte, die sich immer häufiger wiederholen, über dasselbe Thema und mit einem zunehmend negativen Ton von beiden Seiten –, dann muss man was ändern. Im Moment können wir sagen: Jetzt haben die beiden Eltern Regeln oder eine Regelsammlung gemacht, und die beiden Kinder kooperieren damit, so, jetzt geht es. Das muss man nicht ändern. Aber es kommt auch ein Zeitpunkt, wo man als Jugendlicher eine sehr schwierige Wahl hat, denn dann muss man wählen: »Will ich für immer gehorsam sein oder muss ich für meine Mutter lügen?« Und ich glaube, dieser Zeitpunkt kommt näher und näher. Das ist für uns Eltern sehr wichtig: Was wollen wir eigentlich? Wollen wir, dass unsere Kinder lügen? Es gibt nur eine Erklärung, wenn Kinder lügen, und das ist, wenn sie wissen oder spüren: »Meine Eltern schaffen es nicht, mit der Wahrheit umzugehen, dann lüge ich! Die Eltern geraten in Panik oder Depression, es kommt zu Tränen oder Streit, wenn ich es sage, besser sage ich nichts.« Dann kann man sich daran gewöhnen, dass manchmal die »Polizei« vorbeikommt und sagt: »Aha, jetzt hast du es wieder gemacht«, und dann sagt man: »Ups, Entschuldigung, das war nicht meine Absicht.« Das wird unangenehm für ein paar Stunden, aber dann geht es vorüber.

Ich glaube, dass wir als Eltern eine andere und vielleicht auch wichtigere Rolle spielen können. Wir kennen ja unsere Kinder, d.h. wir merken ganz schnell, geht's ihnen gut oder geht's ihnen nicht gut. Wie geht's mit diesem Lehrer, wie geht's mit diesen Freunden, wie geht's mit diesem Urlaub? Manchmal ist unser Eindruck auch komplett falsch, aber wir beschäftigen uns damit, und das glaube ich, ist wichtig. Denn man muss als Jugendlicher, man muss ganz früh, ganz oft persönlich wählen: Was will ich, was will ich nicht? Will ich jetzt die ganze Nacht Computerspiele spielen oder will ich jetzt Schulaufgaben machen? Das heißt, man kann nicht nur moralisch Ja oder Nein sagen, man muss auch seine eigenen Erfahrungen machen. Wenn man seine Erfahrungen macht und schlechte Erfahrungen macht, dann braucht es bei den Eltern eine Bereitschaft, dass man hinkommen und darüber reden kann. Damit man diese schlechten Erfahrungen usw. bearbeiten kann. Das, glaube ich, ist eine sehr wichtige Rolle, und wenn man bloß Verbote oder Regeln aufstellt und die nicht mehr funktionieren, dann sind die Möglichkeiten für Dialog auch nicht mehr da. Dann wird es so: »Warst du gestern kriminell oder nicht?« Dann reden wir darüber, was Eltern und Pädagogen Konsequenzen nennen – das ist ja ein sehr nettes Wort für Bestrafung. Und das wird ganz schnell ein Teufelskreis. Es gibt Eltern, ganz oft Väter, die auch gerne Computerspiele spielen, und da kann man sich mit seinem Kind hinsetzen, spielen oder untersuchen: Was ist das eigentlich und was macht das mit mir? Wenn man Zeit und Lust hat, kann man das tun. Wenn man keine Lust hat, dann muss der Jugendliche selber beurteilen, was geht und was geht nicht.

Furchtbar ist, was die letzten 20 Jahre passiert ist. Jugendliche heute führen weniger und weniger ein Doppelleben. Als ich 14 Jahre war, da hätte ich nicht überleben können ohne ein Doppelleben. Einen Teil von meinem Leben kannten meine Eltern, und von dem wichtigsten Teil wussten sie überhaupt nichts. *(Mutter:* Das kenne ich. Das stimmt, ja.) Und jetzt gibt es in vielen Familien, Gott sei Dank, eine ganz andere Atmosphäre, es gibt ganz andere Möglichkeiten, es gibt sehr viel mehr sinnvolle Gespräche und Diskussionen usw. Und das bedeutet ja auch, dass die Jugendlichen kommen, und die sagen was, und die wollen was, und die machen was, worauf wir überhaupt keine Antwort haben. Es ist nicht über Generationen eingeübt, was man sagt.

Wenn ein junges Mädchen das erste Mal verliebt ist, dann wissen wir genau, was zu sagen ist. Dann können wir es entweder sagen oder nicht, aber es kommt, das ist eine alte Geschichte. Aber hier kommen die Jugendlichen und sagen: »Wir wollen das eigentlich gerne *innerhalb* unserer Gemeinschaft machen können und nicht draußen und nicht darüber lügen müssen usw. Geht das?« Das ist schwierig, das ist neu in eurer Generation von Eltern, ihr seid ja alle Pioniere! Wie verhält man sich? Was kann man sagen? Man sollte in einer Familie, wo es grundsätzlich eine gute Atmosphäre gibt, nicht unterschätzen, wie wichtig es für die Kinder ist, Eltern zu haben, wenn man Schwierigkeiten hat. Du kannst das ganz gut verbalisieren und sagen: »Was ist für mich schwierig«, das wissen die beiden Kinder, das macht einen Eindruck, das vergessen sie nicht morgen, und du musst es eigentlich nicht immer wiederholen. Ich weiß nicht, ob du das machst, aber …

MUTTER: Ja, doch.

JUUL: Aber man muss es nicht immer sagen, denn die wissen das und es ist ein wichtiger Faktor in den Entscheidungen, die sie treffen. »Also, ich entscheide mich jetzt dafür«, das heißt auch: »Also, ich entscheide mich jetzt gegen meine Mutter«, und das ist nicht einfach, auch ohne sogenannte Konsequenzen usw. ist es nicht einfach. Ich würde als Mutter oder Vater meine Beziehung zu meinen Kindern beobachten und beurteilen und sagen: »Fühle ich mich mit meiner Beziehung zu meinem Sohn sicher, fühle ich mich gut, haben wir eine gute Kommunikation, können wir auch zusammen schweigen?« usw., und wenn das grundsätzlich gut ist, dann kann ja alles passieren, auch Furchtbares. Es gibt kaum einen Menschen so zwischen 14 und 19, dem nicht irgendwas Furchtbares passiert. Man trinkt zu viel, man schläft mit den Falschen, man hat gute Freunde, die sind überhaupt nicht freundlich usw. Das kommt alles, und da können wir als Eltern nur empathische Zuschauer werden. *(Mutter: Ja.)* Wir können dafür sorgen, dass wir da sind, dass wir bereit sind, um diese Beobachtungen zu machen.

Vor 20 Jahren, als die ersten dieser Blut-Videos kamen, also wirklich furchtbare, da hatten wir eine Gruppe von Jugendlichen, ganz junge Teenager, zehn, elf, zwölf, die kamen jeden Tag zusammen und haben stundenlang diese Videos geguckt. Mit denen habe ich vereinbart: »Ich bin jetzt bei eurer Stadt angestellt. Die mögen das nicht, dass ihr das macht. Ich will das nicht mit euch diskutieren, aber tut mir einen Gefallen: Ich kann persönlich diese Videos nicht sehen, das geht für mich nicht, deshalb brauche ich eure Hilfe. Es gibt bei uns solche Entspannungspädagogen, d.h. Leute, die sehr viel über Stress und Körper usw. wissen.« Und dabei haben die Jugendlichen mitgemacht. Ich glaube, zehnmal haben die Entspannungspädagogen mit den Jugendlichen eine halbe Stunde Übungen gemacht, und anschließend haben sie alleine diese Videos geguckt. Langsam, innerhalb von drei Monaten, hat es aufgehört, denn die Jugendlichen konnten körperlich merken: »Das verspannt mich total, wenn ich die angucke, und das will ich nicht.« Aber das muss man selber merken können und man muss seine eigene Erfahrung machen. Und wir können, als Eltern oder Lehrer etc., diesen Erkenntnisprozess sehr stören, wenn wir mit unserer Besserwisserei kommen, weil es dann unmöglich wird zu lernen. Denn dann stören die Alten immer, und dann muss man sich gegen die verteidigen, und dabei kann man nicht lernen. Ich sage nicht, dass es eine einfache Antwort gibt, aber ich glaube, die Wünsche, die Bedürfnisse, die Ambitionen der meisten Eltern sind: Wir wollen eine gute Beziehung haben, wir wollen mit den Jugendlichen in Kontakt bleiben, wir wollen die Beziehungen weiterbauen über die Jahre. Das, glaube ich, ist das Wichtigste.

Dann kommen diese Details, die sind auch wichtig. Gehen wir zu einem Detail, bei dem es gesicherte Erkenntnisse gibt: Ist Heroin gefährlich? Ja, es ist gefährlich. Das kann man sagen, wenn sie fragen. Und sagen: »Wisst ihr das?« – »Ja, das wissen wir.« Und dann hoffentlich … Aber man kann nichts tun, dass sie nicht in Kontakt mit solchen Dingen haben, das geht nicht. Wie euer Sohn sagt: »Ich weiß ganz genau, welche Sorgen sich Erwachsene machen und welche Fantasien die über unsere Spiele haben, dass wir uns isolieren, einsam werden, kein soziales Leben haben, unser Körper kann sich nicht entwickeln usw.« Das weiß er alles und kann das beantworten. Das heißt, wenn er plötzlich damit aufhört, Freunde zu sehen und Sport zu machen usw., dann braucht er wahrscheinlich kurz seine Eltern, um ihm zu sagen: »Jetzt wird's gefährlich« oder: »Wie wir das sehen, hast du damit aufgehört, das macht uns unruhig.«

MUTTER: Gut, ja.

JUUL: Was Kleinkinder angeht, wissen Eltern so viel und haben so viele Ideen: Was ist gut für Kinder, und was ist richtig, was muss man machen. Die armen Kinder können sich nicht entfalten, die müssen immer ihren Eltern dienen und sagen: »Ich mache mit, ich mache mit, ich mache mit, ich esse richtig, ich entwickle mich richtig ...« Die Eltern wollen alles drei Jahre früher als überhaupt möglich, das geht nicht. Wir haben zu viele Projekte. Ich hab Glück gehabt: Als mein Sohn 14 Jahre alt war, ist er 25 Kilometer von uns zu Hause in die Schule gegangen, in einer Großstadt. Wenn er mit seinen Freunden ausgehen wollte, Videos gucken, ins Kino, feiern, dann war er nie zu Hause. Er hat immer bei jemand anders gewohnt, und das war für ihn wunderbar und, ehrlich gesagt, für uns Eltern auch wunderbar. *(Lachen)* Wir sollten und mussten nicht alles wissen. Ich selbst bin als Seemann zur See gefahren, und hätte meine Mutter beobachten können, was ich zwischen 15 und 17 Jahren alles gemacht habe, dann hätte sie sich mehrmals umgebracht, das ist ganz sicher, und ich war froh, dass sie nicht mit auf dem Schiff war. *(Lachen)*

Es ist deutlich, was ihr beide denkt, was euch wichtig ist, und das wissen eure beiden Kinder. Wenn euer Sohn kommt und sagt »Jetzt habe ich so gut wie möglich zwei Jahre lang mit diesen Regeln kooperiert, jetzt möchte ich gerne ein bisschen mehr Flexibilität haben«, dann könnt ihr entweder Ja oder Nein sagen. Und dann muss er machen, was er will. Oder aber man muss ein Gefängnis ohne Computer einrichten. Aber selbst Mörder haben heute Computer in der Zelle. Jetzt möchte ich wissen, was ihr beide darüber denkt. Jetzt habe ich ja lange geredet.

MUTTER: Das ermutigt mich sehr, was du da sagst. Denn es ist ja beides in meinem Kopf, aber es ist natürlich auch diese Stimme so von schulischer Seite und von den Wissenschaftlern, Gehirnforschern, die eben diesen Gegenpart sagen. Aber ich möchte auf meine Kinder eingehen und deswegen ermutigt mich das schon, ihnen da Vertrauen entgegenzubringen.

JUUL: Über die Gehirnforscher möchte ich sagen, da sind wir teilweise korrumpiert. Es gibt heute tausende Jugendliche und junge Erwachsene mit Tinnitus, das kommt von MP3-Playern, I-Pods usw., darüber redet fast niemand. Aber diese Computerspiele sind so, so, so, so gefährlich! Seelisch gefährlich. Ich meine, bei den MP3-Playern haben wir Beweise, für die seelischen Auswirkungen von Computerspielen haben wir keine. Es gibt Untersuchungen, die sagen, wenn man immer fernsieht mit Gewalt, mit Krieg usw. dann wird es irgendwie einfacher für Kinder und Jugendliche, ihre eigenen Aggressionen loszulassen. Das, glaube ich, ist richtig. Es kommt auf das Selbstgefühl der Kinder an, es kommt auf die Stabilität im Elternhaus an und auf die sozialen Bedingungen. Wenn die alle ok sind, dann ist die Gefahr minimal. *(Zu den Jugendlichen)* Wollt ihr etwas sagen zum Schluss?

TOCHTER: Ich denke schon, dass dieser Drang vielleicht auch aufhören würde, wenn wir selber Verantwortung übernehmen. So wie es ist, ist es ok, und ich denke, wir sind nicht so gefährdet, dass uns was passieren würde, weil wir beide unser eigenes anderes Leben haben und das ist … *(Pause)*

MUTTER: … schön. – Danke schön.

JUUL: Ja, genau.

RÜCKMELDUNG DER BETEILIGTEN FAMILIE NACH VIER WOCHEN

MUTTER: Das Wochenende mit Jesper Juul und den Familien war für mich sehr bereichernd. Von jedem Gespräch habe ich viele Impulse mitgenommen – wir haben unsere Kinder daraufhin noch mehr in die Eigenverantwortung entlassen. Für mich war der Schritt nicht so leicht, da ich eher ein kontrollierender Typ bin und alles gerne »im Griff habe« und bestimme. Ich ertappe mich immer wieder, dass ich zu den Kindern sage: »Schon wieder fernsehen! Hast du deine Hausaufgaben gemacht?« Ihnen ganz zu vertrauen ist für mich nicht einfach, aber mir ist es jetzt bewusst und so kann ich daran arbeiten. Ich habe aber auch bemerkt: Wenn ich die Verantwortung abgebe, mich nicht mehr kümmere, bleibt für mich mehr Raum und Zeit – ich werde Stück für Stück freier und ich habe mehr Energie für andere Bereiche meines Lebens. Ich sehe Familie und Partnerschaft als die größte Herausforderung meines Lebens und ich lerne täglich aus all meinen Beziehungen – das finde ich sehr spannend.

VATER: Es war ein Erlebnis für mich, dabei sein zu dürfen. Allein die ungeheure Präsenz von Jesper Juul ist schon Balsam. Ich hatte mich zu jedem Zeitpunkt gut aufgehoben gefühlt. Einen großen Dank auch an die zwei Kameraleute. Zu keinem Zeitpunkt kam bei mir ein ungutes Gefühl auf, beobachtet zu werden. Dadurch war es auch einfach, authentisch zu sein. Aus allen Sitzungen mit den Familien konnte ich etwas für mich und meine familiäre Situation (auch Herkunftsfamilie) herausziehen. Auch die Pausengespräche mit anderen Teilnehmern und den Trainern waren eine Bereicherung und Bestätigung. Gerade auch die offenen »Bekenntnisse« von Jesper Juul und den Trainern zu eigenen Schwächen haben bei mir einige Selbstzweifel beseitigt. Nach dem Seminar war es irgendwie selbstverständlich, unsere Kinder in die Selbstständigkeit zu entlassen. Ich bin kein Kontrollmensch – es läuft meiner inneren Überzeugung zuwider, ständig hinter jemandem herzulaufen und nachzuhaken, ob dieses oder jenes erledigt ist. Somit war ich neben den Kindern auf der Gewinnerseite. Meine Sorge, dass meine Frau jetzt mich »bemuttert«, war bisher unbegründet. Durch die neuen Freiheiten der Kinder hat sich das Familienklima deutlich entspannt. Viele Reibereien entfallen. Auch das Verhältnis zwischen uns Eltern hat sich positiv verändert. Oftmals warf mir meine Frau früher vor, nicht am selben Strang zu ziehen oder sie nicht richtig zu unterstützen, da ich bereits vorher mehr Verantwortung bei den Kindern sah.

Natürlich geht der Übergang nicht reibungslos. Es fällt mir manchmal schwer zuzuschauen, wenn ich die Eigenverantwortung bei einem Kind nicht erkennen kann, sondern nur ein »Ich darf machen, was ich will« spüre. Hier hilft es mir, von meinen Beobachtungen, Befürchtungen zu sprechen, meine Meinung zu sagen, aber die Entscheidung dem Kind zu überlassen.

FAMILIE 6

»Schule ist ein Problem für uns«

DABEI SIND: MUTTER, SOHN (16)

MUTTER: Ich hab viele Themen schon gehört, die mir weitergeholfen haben. Ich entwickle mich auch, aber ich sehe – also unser Sohn ist ja schon 16 –, dass ich früher viele Fehler gemacht habe und viel schief gelaufen ist. Was bis jetzt noch als Problem da ist, ist die Schule. Das war unser Hauptproblem von dem Zeitpunkt an, als er in die Schule gekommen ist. Ich hab einen Mann, der ist zu Hause mit meinem jüngeren Sohn, der ist sechs. Vom leiblichen Vater meines ältesten Sohnes hab ich mich getrennt, als er zweieinhalb Jahre alt war und ihn habe ich alleine erzogen und bin auch wieder arbeiten gegangen und hatte ihn in der Krippe, und dann habe ich meinen jetzigen Mann kennengelernt. Als mein ältester Sohn vier war, sind wir zu meinem Mann gezogen und dann gingen die Probleme los mit der Schule. Es gab verschiedene Probleme mit der Rechtschreibung usw., und seitdem bin ich halt immer dran mit ihm zusammen, dass es einigermaßen gut läuft. Die Noten waren auch immer so mittelmäßig. Ich weiß nicht, warum mich das immer noch so beschäftigt, aber es ist vielleicht, weil ich überfordert war, das alles noch mitzutragen. Jetzt sehe ich auch, was schief gelaufen ist, wo er mich gebraucht hätte, jetzt verstehe ich ihn besser. Ich sehe, dass ich ihn als Mensch und seine Bedürfnisse zu wenig wahrgenommen habe. Die Schule ist immer noch ein Thema zwischen uns, das ist so eingefahren, wo ich mich nicht gut verhalte.

JUUL: Die letzten paar Sätze habe ich nicht verstanden oder nicht richtig gehört. Also die Schule ist noch ein Problem für euch? Und?

MUTTER: Ja, ich verhalte mich eher zwanghaft, ich hab' eben das Gefühl, ich muss gucken, was er aufhat, wo er lernen muss … Ich kann da schwer loslassen.

JUUL (ZUM SOHN): Und möchtest du das gerne, dass deine Mutter loslässt?

SOHN: Schon, das würde es leichter machen, denke ich.

JUUL: Ist das eine interessante Möglichkeit, oder willst du das?

SOHN: Ich will es.

JUUL: Kannst du erklären, wie es die Dinge leichter machen würde?

SOHN: Immer wenn es um Lernen geht an sich oder Schule, dann kommt es bei jedem Gespräch zum Konflikt, und das hilft halt keinem von uns weiter, und deshalb soll sie mir das Thema überlassen, weil da einfach nichts zustande kommt außer Negativem. Also ich sehe da nur negative Sachen, die am Ende von Gesprächen da sind. Da ist selten was Gutes dabei herausgekommen.

JUUL: Deine Mutter redet darüber, dass sie in eurer gemeinsamen Geschichte Fehler gemacht hat. Ist das ein Thema für dich? Ist das wichtig, oder …?

SOHN: Die Fehler, die sie gemacht hat?

JUUL: Ja.

SOHN: Ob ich da jetzt noch nachtragend bin?

JUUL: Ja, ob du darüber nachdenkst?

SOHN: Doch, vor allem, wenn es dann zu Konflikten kommt, dann gibt's da so eine Art Rückblenden bei mir, und das macht es dann auch noch mal negativer, das ist ein Konflikt.

JUUL: Kannst du ein konkretes Beispiel nennen? Was siehst du dann zurück in der Vergangenheit?

SOHN: Das möchte ich jetzt nicht sagen.

JUUL: Ok. *(Zur Mutter)* Du hast deinen Sohn ungefähr 500.000-mal so viele Minuten gekannt wie ich, aber für mich ist das sehr glaubwürdig, wenn er das so sagt. Für dich auch?

MUTTER: Ja.

JUUL: Warum nicht loslassen?

MUTTER: Weil eben die Schule, die Noten doch immer das Problem sind.

JUUL: Das möchte ich schnellstmöglich erklären. Die Noten sind, wie sie sind. Ob das ein Problem ist oder nicht, ist ganz individuell. Und *du* glaubst, sie sind problematisch.

MUTTER: Ja, wenn er die Klasse jetzt wiederholen muss. Wir haben vereinbart, dieses Jahr ist die Abschlussklasse, und er sagt auch: »Ich will das selber machen, lass mich in Ruhe.« Aber ich sehe, dass ich ihm trotzdem helfen muss, also er kann es noch nicht ganz alleine.

JUUL: Du siehst, dass du ihm helfen musst, oder sagt er, dass du ihm helfen musst?

MUTTER: Er sagt das auch, denke ich. *(Sohn schaut fragend)* Gut, da müssen wir uns noch mal miteinander auseinandersetzen. Aber ohne Unterstützung … Es ist ja nicht so, dass alles locker flockig wäre.

JUUL: Es ist entscheidend, dass wir über Verantwortlichkeit reden! Wenn er verantwortlich ist, und danach fragt er, dann ist er auch dafür verantwortlich zu sagen, wann er Hilfe braucht und von wem. Dann hast du die Möglichkeit an seine Tür zu klopfen und zu sagen: »Meiner Beobachtung nach brauchst du jetzt Hilfe. Ja oder Nein?«, und dann kann er Ja oder Nein sagen. Dann ist er verantwortlich. Jetzt übst du nur weniger Kontrolle aus, und das ist besser, aber es ist nicht gut genug. So, er weiß eigentlich nicht, noch nicht: Wie kann *ich* meine Schule schaffen, wie kann *ich* meine Noten erreichen, wann bin *ich* mit meiner Leistung bzw. meinen Noten zufrieden. In seiner ganzen Geschichte war es immer *wir*.

MUTTER: Ja, das ist richtig.

JUUL: Also jetzt wissen wir es. Ich glaube, das ist kein Geheimnis: Es ist Zeit *(für die Eigenverantwortlichkeit)*, dein Sohn meint, jetzt ist es Zeit, und jetzt müssen wir ja beide wissen: Was denkst du darüber? Bist du bereit oder glaubst du, wir haben das nicht genug durchdacht?

MUTTER: Doch, wir kriegen das schon hin. Wir haben auch Hilfen.

JUUL: Nicht ihr müsst das hinkriegen. Du musst das hinkriegen.

MUTTER: Ja, das kriege ich auch hin.

JUUL: Also loszulassen?

MUTTER: Ja, aber wir fangen erst an. Es ist halt so.

JUUL: Es gibt kein Wir.

MUTTER: Ich und mein Mann, hab ich gemeint. Und ja, es stimmt, es gibt kein Wir. Ich fange jetzt an, doch, ja.

JUUL: Und es muss nicht notwendigerweise mit Lust sein. Aber wie du das beschreibst, ist es notwendig.

MUTTER: Ja.

JUUL: Und dein Sohn war lange, lange sehr diplomatisch.

MUTTER: Ja, das stimmt. – Ich denke, wir haben auch gut miteinander gearbeitet. Es war nicht einfach, die Vergangenheit, und es hat sich eben im Schulischen auch geäußert.

JUUL: Das ist sehr schwierig für Eltern: Man sieht irgendwie, was passiert ist, und man sieht auch, wenn man so verantwortlich ist wie du: »Ich hab' Fehler gemacht, ich hab' bezahlt.« Wenn das alles auf dem Tisch liegt, dann wollen wir kompensieren. Wir wollen es wiedergutmachen, dass es wieder erfolgreich wird. Manchmal ist das nicht möglich und es macht die ganze Situation schlimmer. Denn dann sitzen die Kinder da und denken: »Es war nicht nur schwierig für mich, es hat mir nicht nur wehgetan, es wäre auch am besten, wenn ich nicht mehr ›Au‹ sage, weil es für meine Mutter so wichtig ist, dass es nicht mehr wehtut.« Manchmal müssen wir als Eltern zurücktreten und sagen: »Ich habe ein paar Fehler gemacht, ich hab' den falschen Vater gewählt, ich hab das und das und das gemacht, und damit muss leider mein Sohn weiterleben und ich auch. Ich will soweit wie möglich für ihn da sein. Aber ich versuche nicht, aus meinem Sohn ein Projekt zu machen, wo ich sage: ›Auf diese Weise übersteht man unangenehme Erlebnisse‹.« Ich glaube, für eine lange Zeit hat deine Verantwortlichkeit dich in diese Richtung geführt: »Lass mich endlich gut machen, was schlecht war.« Ist das richtig?

MUTTER: Ja.

JUUL: Wenn das passiert, dann sind Kinder ja sehr verwundbar, denn sie denken dann: »*Ich* bin noch nicht richtig. Mich muss man reparieren«, und das ist natürlich die Rückseite dieser liebevollen Verantwortung. Ich glaube, es wäre jetzt schön, wenn das aufhört mit deinem Sohn. Einfach wird das nicht, denn für dich ist es ja, als ob du plötzlich unverantwortlich sein solltest und dich nicht darum kümmerst, hab ich den Eindruck. Entweder bist du ganz »da« oder es ist schwierig, eine andere Rolle zu finden. Ist das richtig?

MUTTER: Ich hab das jetzt gut gespürt, dass das stimmt, was du gesagt hast. Ich denke, dass wir das gut schaffen, und ich möchte es mir zu Herzen nehmen, kein Projekt mehr draus zu machen.

JUUL: Damit es auch Zeit und Platz für deinen Sohn gibt, *sein* Projekt zu formulieren. Auch, was er an Hilfe, Unterstützung usw. braucht. Er kann jetzt sein eigenes Projekt machen. *(Zum Sohn)* Genügt das?

SOHN: Doch.

JUUL: Ist das richtig oder diplomatisch?

SOHN: Beides. *(Lachen)*

JUUL: Das ist ein Problem: Jungen mit ausgezeichneten, überverantwortlichen Müttern lernen nicht, Nein zu sagen. Besonders Frauen gegenüber, und das ist sehr wichtig. Wenn du siehst: Er sagt Ja, meint aber wahrscheinlich Nein, dann kannst du ihm helfen und sagen: »Du kannst Nein sagen.« Wenn er dann sagt: »Ja, aber dann krieg' ich mit dir so viel Ärger«, dann sagst du: »Ja, das ist aber nicht so wichtig. Es ist viel wichtiger, dass du das machst, was du willst, und für meinen Ärger, meine Gefühle, dafür habe ich einen Mann.« – Ok. Danke.

RÜCKMELDUNG DER BETEILIGTEN FAMILIE NACH VIER WOCHEN

MUTTER: Bei mir haben diese drei Tage zusammen mit Jesper Juul und den anderen Familien viel in Bewegung gebracht. Kurz gesagt habe ich eine andere Einstellung zu meinem Sohn. Ich habe ihm die Verantwortung für sich jetzt übergeben und kann auch tatsächlich stolz auf ihn sein und bin immer wieder erstaunt und angenehm überrascht, wie erwachsen er sich jetzt verhält. Was mich besonders anrührt, ist, dass unser Sohn »gut drauf« ist, er ist »motiviert«, so kann ich es wohl am besten beschreiben. Weil ich ihn jetzt mit Respekt und als Erwachsenen behandle, merke auch ich, wo ich ihn bisher schlecht behandelt habe. Ich bin froh, das jetzt sehen zu können und danke Jesper Juul von Herzen. Ich hoffe nun sehr, dass die Veränderungen von Dauer sein werden.
SOHN: Das Gespräch mit Jesper war sehr interessant und aufschlussreich. Die Situation zurzeit ist sehr angenehm entspannt und alles in allem läuft es besser als vorher.

FAMILIE 7

Misstrauen und Vertrauen in unserer Familie

DABEI SIND: MUTTER, VATER, TOCHTER (11), SOHN (14)

MUTTER: Viele der bisherigen Themen betreffen auch uns und jetzt haben wir überlegt, welches Thema es noch sein könnte, und für mich ist so ein Punkt Vertrauen/Misstrauen. Ich habe das Problem, dass ich meinen Kindern zum Teil Vorschussvertrauen gebe und dann merke, das funktioniert nicht. Es hat halt nicht geklappt, was wir ausgemacht haben, und da entwickelt sich langsam ein gewisses Misstrauen in mir, was mir selber nicht gefällt, womit ich auch ein Problem habe. Aber ich müsste lügen, wenn ich sage, das wäre nicht da. Das belastet unsere Beziehung und ich weiß nicht so recht, wie ich mit dem Misstrauen umgehen soll.

VATER: Das ist ein Thema bei uns. Ich sehe es ein bisschen anders, was dann im Einzelfall zu Problemen unter uns Eltern führt. Ich habe dieses Misstrauen nicht in dem Maß den Kindern gegenüber und bin auch eher bereit, weil ich es als relativ normal empfinde, dass zum Beispiel, wenn wir nicht da sind, die mal was machen, was sie sonst nicht machen dürfen. Und fühle mich genauso missachtet, wenn ich irgendwas vorgebe und das wird nicht gemacht. Aber ich habe nicht dieses grundsätzliche Misstrauen. Ich glaube eher, die machen das schon, die halten sich dran, und wenn sie sich nicht dran halten, dann ist das ein Stück weit auch ok, weil ich das früher auch nicht anders gemacht habe. Wenn die Eltern mal weg waren, dann war es grad' schön, und ich bin da wahrscheinlich etwas lockerer, was dann eher bei meiner Frau und mir zu Problemen führt.

JUUL (ZU DEN JUGENDLICHEN): Wie ist das für euch beide: Hört sich das an wie ein wichtiges Thema oder sind es andere Themen?

SOHN: Doch, schon. Mich stört daran: Wenn wir einmal irgendwas machen sollten und das hat nicht geklappt, dann ist gleich so ein Vorurteil da, dass es beim nächsten Mal auch nicht so ist. Zum Beispiel vor dem Computerspielen Hausaufgaben machen. Wenn wir das ein Mal nicht gemacht haben, dann ist es beim nächsten Mal gleich so, wenn wir wirklich zuerst Hausaufgaben gemacht haben und dann Computer spielen, wird es nicht geglaubt, und unsere Mutter denkt, dass wir erst Computer spielen wollen und das andere nicht machen.

TOCHTER: Ich find, dass unsere Mutter oft etwas voreilig ist und uns beschuldigt und noch gar nicht so richtig weiß, ob wir was falsch gemacht haben oder nicht. Das ist eigentlich gar nicht so oft, dass wir ihr was vormachen.

JUUL: Dafür ist zu früh.

MUTTER: *(lacht)*

JUUL: Was soll ich denn sagen, was ich nicht schon gesagt habe? Ich kann sagen, aber das weißt du ja schon, dieses Misstrauen ist *dein* Gefühl. Was oft passiert und früher, vor zwei bis drei Generationen, immer so war: Eltern haben ein Gefühl und machen dafür ihre Kinder verantwortlich. Nach dem Motto: »Ich bin nicht selber für meine Gefühle verantwortlich, sondern die sind verantwortlich und die müssen jetzt beweisen, dass ich mein Vertrauen wieder etablieren kann.« Das ist eine unendliche und unmögliche Geschichte. Das passiert nie. – Also, was kann ich für dich tun?

MUTTER: Ich glaube, ich mache das aus einer Angst heraus, nicht ernst oder für voll genommen zu werden von meinen Kindern, und wenn es um Haushaltsangelegenheiten geht, dann fühle ich mich alleine gelassen. Wenn ich bitte: »Mach mal dies oder das« und komm' dann heim und es ist nicht gemacht, dann habe ich das Gefühl, das lastet dann alles auf mir und keiner mag mich unterstützen. Ich bin dann einfach überfordert.

JUUL: Könntest du dir vorstellen, dass ihr vier euch nächste Woche oder nächsten Monat hinsetzt und dass du Folgendes sagen kannst: »Ich finde es sehr schwierig, dass ich mit meiner Verantwortung für den Haushalt alleine bin und dass ich nicht immer damit rechnen kann, dass ihr beide euren Teil macht. Es ist mir aber auch klar, dass ich Schwierigkeiten habe, für mich verantwortlich zu sein. Ich versuche jetzt, mit meinem Misstrauen umgehen zu lernen. Am liebsten würde ich es wegmachen. Bis dahin möchte ich gerne wissen: Ist es überhaupt für euch beide möglich, zu unserer Gemeinschaft in dieser Art und Weise beizutragen, wie ich es mir wünsche?« Kannst du dir das vorstellen? *(Mutter nickt)*

Das ist zwar eine ganz andere Geschichte, doch im Moment sehen wir das deutlich in den Schulen: Die Lehrer haben genau dieselbe Doppelmoral, wie sie die meisten Eltern früher hatten und manche auch heute noch haben: Wenn meine Beziehung zu meinen Kindern oder Schülern erfolgreich ist, dann ist es mein Erfolg, und wenn sie nicht erfolgreich ist, dann sind die Kinder schuld. Dann muss man seine Kinder ganz konsequent bestrafen oder schlagen, um keine Proteste zu haben, denn es ist so offensichtlich eine Doppelmoral. – Ich bin natürlich für meine Beziehung zu meinen Kindern oder meinen Schülern verantwortlich, ich kann nicht die Kinder dafür schuldig machen. Das ist über die Zeit mit euren Kindern passiert, und die versuchen bis jetzt, freundlich zu sein. Wenn die hier beide reden, ist es ja ganz freundlich. Aber irgendwie ist diese Passivität, dieses »Ach das habe ich vergessen« auch eine Antwort. Da ist mit unserer Beziehung irgendetwas los. Als Kinder schaffen wir das nicht, das zu verbessern, weil wir keinen Rahmen dafür haben. Unsere

Mutter könnte zum Beispiel sagen: »Jetzt habt ihr mich schon so und so oft enttäuscht, ich bin jetzt bereit das zu vergessen, aber dann dürft ihr mich die nächsten zwei Jahre, vier Monate, zwei Wochen und sieben Stunden nicht enttäuschen.« Ich glaube, du hörst ganz deutlich: Das ist unmöglich, das geht nicht. Man kann als Kind sagen: »Wenn das die *einzige* Möglichkeit ist, dann probieren wir es.« Aber man weiß auch als Kind, dass das nicht möglich ist. »Meine Mutter sucht nach etwas, wo ich sie enttäusche, und sie will etwas finden.«

Ich denke ein bisschen darüber nach, wenn du sagst: »Ich habe in der Beziehung zu meinen Kindern dieses Misstrauen und dafür bin ich verantwortlich« – wie ist das für dich? Macht es dich böse oder traurig oder ...?

MUTTER: Traurig.

JUUL: Traurig – so richtig traurig oder nur so ein bisschen traurig?

MUTTER: *(ist sehr berührt und weint)*

JUUL: Richtig traurig, ok. Das ist wichtig, damit fängt es an. Jetzt sind wir fertig. Danke.

FAMILIE 8

Spannungen in unserer Familie

DABEI SIND: VATER, MUTTER, TOCHTER (13),
NICHT DABEI: SOHN (17)

VATER: Wir sind normalerweise zu viert, unser Sohn wollte sich dem nicht mehr aussetzen und ist heute nicht mehr mitgekommen. So sind wir zu dritt hier. Unsere Themen in der Familie sind sehr viele von denen, die schon besprochen wurden. Bei uns geht es um Medienkonsum, geht es um Schule, um die Art und Weise, wie man miteinander umgeht, wie man Aufgaben teilt, wie man delegiert. Ein Punkt, der mich im Besonderen interessiert, das ist die Art der Kommunikation, wie wir miteinander reden. Wir versuchen, was uns meistens auch gelingt, eine gemeinsame Mahlzeit am Tag zu haben. Was nicht immer ganz einfach ist, weil wir beide berufstätig sind mit manchmal ungewöhnlichen Arbeitszeiten, die Kinder ihre Pläne haben, aber es gelingt uns meistens. Wenn wir dann am Tisch sitzen, ist es zwar die wertvolle Zeit, die Zeit, in der man miteinander reden könnte, und da verplempern wir relativ viel Zeit, indem es lange dauert, bis wir so eine gemeinsame Kommunikationsebene haben. Was da reinspielt sind Spannungen in unserer Familie. Mal zwischen Mutter und Tochter, zwischen Vater und Sohn, kann dann auch mal ganz umgekehrt sein, wo Empfindlichkeiten da sind, die eine Kommunikation verhindern. Das fängt an: Der Sohn sagt irgendwas, ich verdrehe die Augen, aber nur ganz leicht, aber er hat ein feines Gespür dafür und bricht die Kommunikation ab. Zwischen Mutter und Tochter ist es ähnlich: Die

Stimmlage ist ganz normal, aber so, wie es beim anderen ankommt, ist die überhaupt nicht normal, was man daran sieht, wenn man sich hinterher zitiert und sagt: »Du hast gesagt«, und dann wird man zitiert auf eine Art und Weise, die man selber überhaupt nicht so wahrgenommen hat. Was oft darin endet, dass wir eine Stunde beim Essen beieinander sitzen und gar nicht zu dem Punkt kommen, wo wir reden können. Sondern nur über unsere gegenseitigen Empfindlichkeiten reden und gar nicht zu dem Punkt kommen, wo man sich wirklich austauschen könnte.

JUUL: Das würde ich ja unmittelbar eine sehr gelungene Mahlzeit nennen. *(Lachen)*

VATER: Was ist eine gelungene Mahlzeit?

JUUL: Genau so, wie du das beschreibst, denn deswegen macht dieses gemeinsame Essen Sinn. Mahlzeiten sind wie ein Marktplatz: Da kommt man zu sich und man sieht genau, wie es uns momentan geht. Und wenn es Spannungen oder Empfindlichkeiten am Tisch gibt, dann gibt es die auch außerhalb der Mahlzeiten. Das bedeutet: So sind wir. In diesem Sinn ist es sehr erfolgreich.

VATER: Ja, nur hilft es in dem Moment nicht weiter, weil die Zeit, die wir haben miteinander, die ist knapp, und man würde sich gerne austauschen und tauscht sich eigentlich nur über die eigenen Empfindlichkeiten aus.

JUUL: Ich möchte wenn möglich ein Beispiel haben, an das sich alle oder mindestens zwei erinnern können. So, dass ich Aussage auf Aussage hören kann.

MUTTER: Das kommt immer darauf an, um was es geht. Es ist oft Schule das Thema und dann kommt halt Aggressivität, und ich denke …

JUUL: Schule als Thema, aber wie? Wer fängt an?

MUTTER: Ich versuche es zu vermeiden, weil ich weiß, wo's hinführt. Oft sogar die Kinder, die dann doch immer wieder erzählen von irgendwelchen Begebenheiten. Ja, ich hab jetzt kein Beispiel.

VATER: Das Schulthema ist ein ganz sensibles, weil es da gewisse Probleme einfach gibt. Das auch für die Kinder ein sensibles Thema ist. Es kommt natürlich dann die Ermahnung: »Da hättest du mehr tun sollen« oder »Du hast demnächst Schulaufgabe, du musst was tun« oder »Da steht eine Prüfung an, knie dich ein bisschen mehr rein«, aber das ist dann schon haarscharf am Punkt. Diese Ermahnung, sich da reinzuhängen, seinen Job ordentlich zu machen, seine Aufgaben ordentlich zu machen – das ist eigentlich dann schon der Punkt, wo Reaktion kommt.

MUTTER: Die Schwelle der Empfindlichkeit ist schon sehr niedrig. Bei diesen Themen wurde alles schon gesagt. Deswegen vermeidet man eigentlich immer wieder dasselbe, wie »Du hättest eigentlich …«. Das fällt schon untern Tisch, es wird nur angestoßen, es ist dann keine Kommunikation möglich. In erster Linie mit meinem Sohn, da ist es schwierig.

JUUL: Jetzt möchte ich gerne ein bisschen korrigieren. Denn was ich hier höre, da geht's nicht um Kommunikation, da geht's um Erziehung. Es bedeutet: Bei diesen Themen ist, bei uns, keine Erziehung mehr möglich!

VATER: Richtig.

JUUL: Gut, so ist es auch. Es ist wirklich so: Erziehung am Tisch stört jede Mahlzeit auch mit kleinen Kindern. Das sollte man meiner Erfahrung nach nie machen. Wie ich das verstehe, wird es ein tägliches Rollenspiel. Alle Rollen sind schon fest, alle haben das Handbuch mehrmals gelesen und können es auswendig sagen. Dieses Phänomen kann man unmöglich verbessern, das geht nicht. Entweder geht es so weiter, und ich glaube, das bringt niemand um, aber es ist auch so ein bisschen langweilig – oder die Eltern fangen mit einer neuen Kultur an. Das könnte so aussehen: »Ich habe Gedanken, ich mach' mir Sorgen, ich hab meine Meinungen über Schule usw.« Wo gibt's eine Möglichkeit, das zu besprechen, wenn nicht am Tisch? Worüber macht ihr beide euch Sorgen, zum Beispiel bei eurer Tochter in ihrer Schule?

MUTTER: Bei ihr ist es eigentlich gar nicht so der Punkt, würde ich sagen. Klar, ich ermahne sie oder frage nach oder sage halt: »Am Wochenende fände ich es gut, wenn du nicht das ganze Wochenende weg bist, wenn du am Montag eine Schulaufgabe schreibst.«

JUUL (ZUR MUTTER): Und das hast du wie oft gesagt?

TOCHTER: Mindestens einmal pro Wochenende.

MUTTER: Vorm Wochenende, denn am Wochenende ist es schon zu spät.

VATER: Das ist kein so ernstes Thema. Was ärgerlich ist, dass sich beide unter ihren Möglichkeiten verkaufen in der Schule.

JUUL: So, das sind zwei Themen?

MUTTER: Im Sommer schrappt sie am Übergang immer gerade so entlang, sie schafft es dann und im Halbjahr im Winter sieht es so aus, als würde sie es nicht schaffen. Sie weiß das selber. Ich vertraue ihr da, dass sie das hinkriegt. Diesen Weg möchte ich ihr ein bisschen erleichtern, indem ich sie erinnere. Ich weiß, wie das ist, sie liebt es, auszugehen und ihre Freunde zu treffen, und das soll sie auch machen. Ich denke nur, dass sie das Maß verliert in der Freude und im Überschwang. Das möchte ich ihr so ein bisschen setzen, dieses Maß.

JUUL: Das ist ja völlig möglich und glaube ich auch wichtig. *(Gedehnt)* Aber … *(Lachen)* Aber bei 13-, 14-, 17-, 18-, 45-Jährigen ist es wichtig, dass man sich als Mutter oder Vater eine Einladung verschafft. Ich habe festgestellt: Das Gespräch am großen Tisch ist eine schlechte Idee. Aber am Abend oder morgens kann man zu seiner Tochter gehen, anklopfen und sagen: »Ich wollte dir gerne was sagen über deine Schule und deine Möglichkeiten. Möchtest du das hören?« Und wenn sie Nein sagt, dann muss man weggehen. Zwei-, drei-, vier-, fünf-, sechs-, sieben-, acht-, neunmal, wenn es so ist. Und dann ist es völlig erlaubt, beim zehnten Mal zu sagen: »Für mich ist das so wichtig, es brennt in meinem Mund. Ich muss dir das jetzt sagen.« Dann sag' es, und dann ist es vorbei. Dann hat mein sein Optimales als Eltern gemacht, d.h. man muss außerhalb dieser Elternrolle treten und von Mensch zu Mensch reden.

MUTTER: Theoretisch ist mir das auch klar. Aber es ist schwierig, sich zurückzunehmen.

JUUL: Warum?

MUTTER: Da ist einfach diese Sorge, die in allen Familien rauskam. Immer wieder möchte man natürlich diesen Weg möglichst ebnen. Vom Kopf her weiß ich, dass das andere der bessere Weg wäre.

VATER: Es ist eine Alltagserfahrung, dass die Einflussmöglichkeiten von Eltern in solchen Situationen gering sind. Es ist eine Alltagserfahrung, dass man über die Kommunikation nicht mehr rankommt. Aber es ganz, ganz schwer zu akzeptieren, dass es so ist. Denn die Kinder liegen einem am Herzen, man möchte nur das Beste, man möchte unterstützen, Weg weisen, ihnen helfen, an das Ziel zu kommen, wo sie auch selber hinwollen.

JUUL: Wenn das passiert, und so ist es ja bei euch, dann ist es auch notwendig, dass man manchmal seine Kinder fragt: »Ich versuche, dich zu unterstützen. Gelingt es mir?« *(Vater schüttelt den Kopf)*

MUTTER: Begrenzt.

JUUL: Man muss doch *die Kinder* fragen! Genau wie ich jetzt versuche, euch zu helfen: Ich tu mein Bestes, entweder gelingt es oder es gelingt nicht. Es ist für mein Lernen wichtig, dieses Feedback zu kriegen. – Ich möchte gerne eine wichtige Frage stellen oder dass ihr beide euch eine wichtige Frage stellt, und die lautet: »Warum mache ich das eigentlich? Ich mache mir

Sorgen, es liegt mir am Herzen, aber warum sage ich in diesem Moment, was ich sage? Warum ist es für mich so schwierig, das, was ich in der Theorie weiß, in die Praxis umzusetzen? Geht es darum, dass ich meinem Kind helfen will, oder will ich mein Selbstbild verbessern? Ich will als Mutter und als Vater ein gutes Gewissen haben. Ich mache es eigentlich für mich und nicht für meine Kinder.«

VATER: Ich denke, man macht es in erster Linie für die Kinder. Dass man sich besser fühlt, wenn es gelungen ist, die Kinder gut zu unterstützen, den Kindern zu helfen, weil es dann besser ist.

JUUL: Wir reden ja nicht darüber, wenn es gelungen ist. Wir reden darüber, wenn es nicht gelingt. Wir bekommen unsere Kinder für uns selbst, weil wir glauben, es wird unser Leben bereichern. Und meiner Erfahrung nach ist es für Eltern immer so eine schwierige Balance: Was mache ich für mein Kind, weil es notwendig, relevant, erwünscht ist, und was mache ich für mein Image? Das ist immer schwierig, und hier glaube ich, dass sich alle in eurer Familie einig sind, vor allem die beiden Jugendlichen, und sagen: »Eure Versuche, mir zu helfen, mich zu unterstützen, mich zur Weisheit zu bringen usw., sind für mich unangenehm.«

VATER: Ist das so?

TOCHTER: Ja, meistens schon.

VATER: Also die Versuche, euch zu helfen, euch zu motivieren, euch zu unterstützen, empfindest du als unangenehm?

TOCHTER: Ja, nee, zwischendurch schon, wenn es zu viel wird, dann schon, und wenn man euch das sagt, dann bringt das eigentlich nicht viel.

JUUL: Eines kann man jeden Tag in meinem Beruf lernen: Die Kinder sind ihren Eltern gegenüber immer sehr freundlich und in diesem Fall sehr nuanciert und ein bisschen diplomatisch. *(Lachen)* So ist es für alle Eltern. Man kann nach Feedback fragen, und wenn man Glück hat, kriegt man 20 Prozent. Ich habe einen Sohn, 36 Jahre alt, und wenn ich ihn frage: »Wie erlebst du mich als Vater?«, dann bekomme ich eine diplomatische Antwort. Wenn ich zu meinem Sohn komme und frage: »Was sind bei mir die drei schlimmsten Sachen?«, dann bekomme ich, mit ein bisschen Glück, vielleicht zwei Antworten, und dann muss er etwas Positives sagen, um mich zu schützen. Das muss man wissen. Übersetzt bedeutet das: »Ja, meistens ist es mir unangenehm.« Das ist ein Unterschied zwischen Eltern und Kindern, wenn es zu diesen rituellen Gespräche kommt: Kinder nehmen immer die Intention der Eltern wahr. Die Eltern nehmen oft die Intention der Kinder nicht wahr oder stellen sie negativ dar: »Ich muss dich motivieren, weil du sonst überhaupt nicht in die Schule gehen würdest.« Das ist etwas Unangenehmes, weil meine Eltern überhaupt nicht wissen, wie es in der Schule für mich ist, was meine tägliche Wirklichkeit ist. Für meine Eltern ist es wichtig, dass ich es gut mache, gute Noten usw. Dann versuchen Kinder zu kooperieren. Also sitzen sie noch am Tisch, das möchte ich sagen. Als Eltern muss man untersuchen, was hilfreich ist: »Ich bin dein Vater, ich stehe zur Verfügung, ich möchte dir gerne helfen, was kann ich machen?« Das ist eine wichtige Frage, und wie die Hilfe aussehen soll, das können wir als Eltern nicht selber entscheiden. Genau wie bei meiner Mutter: Sie ist jetzt sehr alt, und es ist die Frage, wie lange sie noch alleine leben kann. Ich muss meine Mutter fragen: »Wie kann ich dir helfen?« Und wie meine Mutter so ist, fällt ihr dann ein, wie ich es *nicht* machen soll, und dann, mit ein bisschen Geduld, kommt auch, was ich machen kann. Das ist oft etwas ganz anderes, als das, was ich gedacht hätte. Ich habe gedacht, ich wüsste, was sie braucht, und meiner Frau gesagt: »Meine Mutter braucht das und das und das.« Wenn ich mich so verhalte, dann kommen wir genau in dasselbe Dilemma wie bei euch. Es gibt guten Willen, es gibt Energie von meiner Seite, aber es geht verloren, denn ich habe *sie* nicht gefragt: »Was ist für dich wichtig? Wie kann ich es machen?«

Das war eine lange Antwort auf deine Frage von vorher: »Ich weiß es theoretisch, wie geht's praktisch?« Praktisch denke ich, ist es gut, wenn ihr dieses Rollenspiel aufhört, denn wenn Eltern Eltern spielen, dann spielen die Kinder Kinder. Und dieses Spielen ist unerträglich.

VATER: Das Rollenspiel ist etwas ganz Zentrales, das hat etwas mit Kommunikation zu tun, das ist auch das Thema, das ich eingangs gemeint habe. Man stellt eine Frage: »Wie läuft es da oder da?«, und dann kommt eine Antwort, die väterliche oder elterliche Antwort, die oft in einem Rat besteht: »Hättest du nicht, könntest du nicht«, und dann gehen oft die Klappen zu. Dann merkt man, man kommt nicht an, aber man kommt auch nicht aus seiner Haut heraus, helfen, unterstützen zu wollen. Und dann fangen ganz unterschiedliche Kommunikationsebenen an, weil man aneinander vorbeiredet und nicht mehr über die Sache. Das Rollenspiel mit den Dialogen, die jeder auswendig kennt, weil man alle Rollen schon hundertmal durchgemacht hat, das geht allen auf die Nerven. Das ist nur wahnsinnig schwer, da rauszukommen aus der Rolle.

JUUL: So schwer ist es dann doch nicht. Man kann ja den Mund halten.

VATER: Das ist ja das Schwierige.

JUUL: Oder man kann die Wahrheit sagen.

VATER: Das mache ich ja dauernd.

JUUL: Seine persönliche Wahrheit. Man kann sagen: »Vor zehn Minuten habe ich mir versprochen, nicht Vater zu spielen, aber jetzt bin ich wieder dabei.« Und es dann versuchen. Man muss nicht perfekt sein als Eltern, man muss nur in irgendeiner Art und Weise Vorbild sein und sagen: Änderung ist möglich, auch für alte Leute.

MUTTER: Das sage ich schon immer.

JUUL: Aus dieser Rolle zu treten ist schwierig. Ich weiß das, aber man kann viel Hilfe bekommen. Wenn man bei den Kindern an die Tür klopft und sagt: »Ich habe etwas, worüber ich mit dir reden möchte. Ist das jetzt möglich, hast du Zeit, willst du das hören?« Und dann können die Kinder wählen, und dann lernt man ja aus seinen Erfahrungen: Was kommt an, was macht guten Kontakt, was macht keinen und was macht Krach.

Irgendwie haben wir die Idee – nicht nur mit unseren Kindern, auch mit unserem Partner –, da tun wir so, als ob wir automatisch ein Saisonticket bekommen haben, und meinen, wir können immer stören, wir können immer etwas sagen, immer etwas anbieten. Und das geht allen auf die Nerven. Das geht nicht. Ich habe einmal mit einer amerikanischen Familie gearbeitet, und der Mann wusste nicht, wie er sich ausdrücken soll. Am Ende war er so verzweifelt, dass er zu seiner Frau gesagt hat: »Please treat me as a stranger. Behandle mich genauso gut wie einen Fremden. Nicht immer meine Grenzen überschreiten, ich will das nicht.« Die Tragödie ist ja, dass die meisten Eltern viel Wertvolles anzubieten haben. Aber wenn es durch dieses Rollenspiel geht, dann ist alles verloren. Man fühlt sich als Eltern nicht wertvoll, ist aber auch nicht wertvoll, und als Kind fühlt man sich auch irgendwie falsch oder alleine. Es geht um dieses grundsätzliche Bedürfnis in uns allen, das geht von sechs Monate alten Kindern bis zu Eltern und Großeltern. Unser Grundbedürfnis ist, uns als wertvoll für jemanden zu erleben, und das ist immer aktuell und akut mit Kindern. Wir wollen gerne für die Kinder wertvoll sein, ihnen alles Mögliche beibringen, und wenn das nicht gelingt, dann fangen die kleinen oder großen Aggressionen an, dann sind wir frustriert. Dann kommt dieser Ton, wo man sich immer so ein bisschen streitet, aber mehr oder weniger zivilisiert. Wenn wir dieses Erlebnis – wertvoll zu sein – ganz oder teilweise nicht mehr haben, dann entstehen Aggressionen oder Depressionen. Das hört man ganz deutlich. Das Schwierige für Erwachsene ist: Wenn wir es so erleben, dass wir nicht so wertvoll sind, wie wir es sein möchten, dann ist es auch immer wahr. Dann sind wir wirklich nicht so wertvoll, wie wir gerne sein möchten. Und das ist natürlich nicht so angenehm, und wenn das passiert, dann brauchen wir Hilfe. Zu 99 Prozent der Zeit können wir diese Hilfe von unseren Kindern kriegen. Man muss nur fragen und sagen: »Hör mal, ich versuche das und dieses und jenes, und es gelingt mir nicht. Sag mal, was mache ich falsch?« Mit ein bisschen Geduld kriegt man die Antwort und dann kann man daraus lernen.

Was ist so schwierig an dieser Veränderung? Es ist schon schwierig. Es geht eigentlich ums Leben für uns Eltern. Die Jungen haben ja Zeit genug, und die können alles Mögliche machen, aber für uns ist es die letzte Möglichkeit. Und deswegen sind wir ja auch so – ich wollte eigentlich dumm sagen, aber *trotzig* sind wir. Wenn wir so etwas in unserem Beruf machen würden, hätten wir keinen Job mehr. Also sagen wir mal, ich arbeite in einer Werbeagentur und mache Anzeigen, Fernsehspots usw., und keine Kunden kommen. Und dann fragt mein Boss, ob wir ein bisschen was verändern sollen, und ich sage: »Nein, so ist es richtig, so mache ich weiter, und wenn die Kunden nicht kommen, dann sind die Kunden schuld, ich nicht.« Darum geht es. Es geht nicht um den Inhalt, es geht um den Ton. Wenn dieser Elternton, dieses Besserwissen kommt, kann niemand zuhören. Deshalb ist es eine wichtige Wahl für Eltern: Will ich diese Rolle spielen mit immer weniger Zuschauern, oder will ich eine neue Art von Beziehung zu meinen fast erwachsenen Kindern aufbauen? Ich glaube, deshalb seid ihr beide ja hier. Das ist eine gute Möglichkeit und dann muss man von den Kindern lernen. In diesem Moment geht das Lernen einen anderen Weg – von den Kindern zu den Eltern. »Wie kann ich dich hören, was ist für mich wichtig, was ist für dich wichtig?« Ich sage nicht, man muss sich auf die Prämissen von Jugendlichen einlassen und nur das sagen, was für sie angenehm ist. Aber man muss irgendwie diese neue Beziehung anfangen. Es gibt mehrere Möglichkeiten. Zum Beispiel kann man in eurer Familie beim Abendessen sagen: »Wir beiden Alten haben uns entschieden, ab heute wird an diesem Tisch nicht mehr über Schule geredet. Das wird schwierig für uns, wir haben fast so etwas wie Entzugssymptome.« Und wirklich schwierig ist, dass wir vielleicht entdecken: Wenn wir nicht über Schule reden, wenn wir nicht erziehen, dann haben wir eigentlich nicht viel zu sagen, und dieses Schweigen, diese Stille, kann schwierig sein. Ist aber für diese Transitphase wichtig.

Früher war es ja nicht so. Meine Mutter spielt noch heute Mutter. Als ich 13 Jahre alt war, habe ich sie traumatisiert. Ich habe meine Haare wachsen lassen usw., und noch heute legt sie ihre Hand auf meinen Kopf und sagt »Tststs …« Ich bin jetzt 61, und sie spielt noch immer Mutter. *(Lachen)* Das ist lustig, aber es ist auch tragisch, denn wir haben sonst überhaupt keine Beziehung, es kommt alles aus Pflicht.

MUTTER: Deshalb möchte ich es gar nicht so machen, damit es mir nicht genauso geht.

JUUL: Ich habe eine kleine inoffizielle Untersuchung gemacht. 25 Elternpaare haben teilgenommen und einen ganzen Sonntag, als sie mit den Kindern zu Hause waren, alle Gespräche aufgenommen und sich nachher angehört. Alle waren schockiert. Alle haben genau dieselbe Statistik aufgestellt: »50 Prozent von dem, was wir zu unseren Kindern sagen, ist nicht notwendig oder wir meinen es gar nicht. Es kommt nur so unbedacht einfach raus … Sobald ein Kind reinkommt, fangen wir an zu reden. Dann kommen so ungefähr zu 15 Prozent, und die sind wirklich schockierend, denn da sage ich genau das, was ich mir selber versprochen habe, dass ich das nie zu meinen Kindern sagen werde, denn genau das hat mein Vater oder meine Mutter gesagt und das hat weh getan. Und jetzt höre ich in

15 Prozent von dem, was ich zu meinen Kindern sage, genau dasselbe.« Ich will das jetzt nicht alles durchgehen, aber am Ende gibt es etwa 15 bis 18 Prozent, wo die Eltern sich selber zuhören und sagen: »Ja, so eine Mutter möchte ich gerne sein, aber nicht nur 18 Prozent der Zeit, sondern 100 Prozent.« Dieses Feedback, diese Möglichkeit, das zu verändern, bekommen wir von unseren Kindern. Wenn die nicht mehr zuhören oder über jedes Wort, über jeden Satz kämpfen, dann bedeutet das: »Bitte ihr beiden, zieht euch zurück, wir essen gerne mit euch, aber so, wie ihr beiden redet, das geht nicht mehr länger.« Aber so können sich die meisten Jugendlichen ja nicht ausdrücken und die meisten Erwachsenen auch nicht.

Deshalb zurück zur Mahlzeit: Am Marktplatz gibt es zwei Eltern, die versuchen, ihre Sachen zu verkaufen. Kundschaft ist mittlerweile abwesend und d.h., irgendwas muss man ändern. Meiner Meinung nach heißt das nicht: Man muss als Eltern aufgeben, unsere Kinder brauchen uns nicht mehr. Das ist sehr selten richtig. Wichtig ist auch: Das, was ihr beide habt, ist wertvoll und auch notwendig. Aber es muss in einer anderen Form kommen. Damit die Kinder die Nährstoffe rausziehen können. Im Moment nehmen die es gar nicht in den Mund. – So, das war ein kleiner Vortrag. Was denkt ihr beide darüber?

MUTTER: Das klingt alles sehr richtig, was du sagst, und ich hoffe, dass ich es in die Praxis umsetzen kann.

JUUL: Richtig ist nicht immer richtig. Ich möchte ja gerne, dass es inspiriert und verwendbar ist. Da möchte ich gerne weiterarbeiten, wenn das notwendig ist. Mein Sohn war 17, als er weggezogen ist zur Ausbildung usw., und ich habe wirklich gemerkt, jetzt habe ich 85 Prozent meines Bewusstseins wieder zur Verfügung. Ich habe das vorher nicht wahrgenommen, ich war immer Vater, das war ein schönes Erlebnis. Aber es gab auch diesen Moment: »Mein Gott, was mache ich jetzt mit meinem Leben, meiner Identität, was machen wir jetzt miteinander?«

Wenn Eltern in diesem Konflikt, in diesem Dilemma sind, sagen die Jugendlichen überall in Europa dasselbe: »Get alive! Sei nicht nur Vater und Mutter. Ich brauch' dich auch, aber wie gesagt in einer anderen Form.« *(Zum Vater)* Wie sieht es für dich aus, ist das möglich?

VATER: Das ist exakt der Punkt, dieses Rollenspiel, in das man reinkommt. Die Frage ist nur: Eine Rolle ist über viele Jahre erlernt, man muss erst mal umlernen. Man muss dann in der konkreten Situation, wenn man zusammen am Tisch sitzt usw., sich ändern. Das dauert vermutlich eine Weile, von dieser Rolle runterzukommen.

JUUL: Wie lange brauchst du dazu, was glaubst du?

VATER: Kein Ahnung, muss man ausprobieren. Es wird sicher eine Weile dauern. Bewusst ist es mir, denn mir geht dieses Rollenspiel tierisch auf die Nerven. Ich schau an mir runter, ich sage Dinge, wo ich denke: Um Gottes Willen! Ich sage Dinge, die ich von meinem Vater gehört habe und mir geschworen habe, das werde ich nie zu meinen Kindern sagen, und dann schaue ich an mir runter und höre, dass ich genau dasselbe gesagt habe. Wenn du in dieser Rolle als Vater, wie du es gerade beschrieben hast, über eineinhalb Jahrzehnte drin bist, wo man diese Rolle einübt und aufbaut, da ist dann der Punkt erreicht, wo man nicht nur seinen Kindern gegenüber eine andere Rolle lernen muss, sondern wo man loslassen muss, was nicht leicht fällt.

JUUL: Man kann diesen Lernprozess sehr beschleunigen, aber dann muss man jeden Tag die Wahrheit sagen, und das ist nicht einfach. Das heißt, man setzt sich an den Tisch und man will nicht so reden, macht es trotzdem, und dann guckt man den Kindern in die Augen und sagt: »Entschuldigung, jetzt habe ich es wieder gemacht, jetzt schweige ich«, und das hilft. Jetzt ist euer Sohn leider nicht hier, aber er kann es ja nachher auf DVD anschauen. Es hilft, seinen Kindern zu sagen: »Ich habe meine

Meinung, ich hab eine Idee, ich hab einen Vorschlag, ich hab was überlegt. Willst du es hören?«, und wenn die Kinder Ja sagen und plötzlich nicht mehr zuhören, dann fragen: »Was habe ich jetzt falsch gemacht? Ich weiß, dass das, was ich zu sagen habe, inhaltlich von höchster Qualität ist, aber in meiner Vermittlung geht irgendwas schief.« Das bedeutet, man kann seinen Kindern nicht notwendigerweise das geben, was im Moment aktuell ist, aber viel wichtiger ist das Vorbild als Eltern. Man kann als Eltern auch in den nächsten Jahren seinen Kindern viel Wertvolles beibringen, aber mehr als Beispiel statt als Lehrer.

Es tut mir immer leid in Deutschland mit diesem Schulthema, denn irgendwie sind viele Schulen so unmöglich, die Beziehung zwischen Schülern und Lehrern so unmöglich, so vitaminarm. Die Schulen klagen darüber, dass zwei bis drei Prozent der Kinder nicht kommen oder nicht jeden Tag kommen. Und ich glaube, wir sollten als Eltern jeden Samstag feiern, dass 97 Prozent kommen! Die Kinder brauchen eine Unterstützung, die sie motiviert. Damit meine ich, sie sind 13 Jahre alt und intelligent, sie wissen, warum Schule wichtig ist, warum Bildung wichtig ist. »Die Eltern, die Schule, die Gesellschaft, alle sagen das, und wenn ich das nicht schaffe oder nur schlecht schaffe oder wenn ich überhaupt keine Lust dazu habe, dann stehe ich plötzlich ›Ich gegen den Rest der Welt‹.« Dann braucht man seine Familie.

RÜCKMELDUNG DER BETEILIGTEN FAMILIE NACH VIER WOCHEN

MUTTER: Dieses Wochenende hat unser Familienleben schon nachhaltig geprägt, obwohl unser Sohn kaum anwesend war (er hat sich alles haarklein erzählen lassen!). Mir ist durch die Gespräche bewusst geworden, dass ich immer noch viel zu wenig

Verantwortung abgeben kann und zu viel Einfluss nehmen möchte. Der Alltag ist tatsächlich harmonischer geworden, vor allem meinem Sohn bekommt meine Zurückhaltung augenscheinlich gut. Er ist ein bisschen *gewachsen* in den Wochen nach dem Seminar. Und ich habe mehr Zeit für mich gewonnen ... Wir sind sehr froh, dabei gewesen zu sein, und danken Ihnen und allen Helfern für dieses Wochenende. Und natürlich dem wunderbaren Jesper Juul!

FAMILIE 9

Schule und Eigenverantwortung

DABEI SIND: MUTTER, TOCHTER (15)

MUTTER: Es ist eigentlich schon alles gesagt worden. Bei uns wiederholt es sich nur. Wir haben eben Probleme in der Schule und zu Hause. Es fängt in der Früh an beim Aufstehen, die Motivation ist einfach nicht da, und das zieht sich dann über den ganzen Tag. Immer wieder dieses Auffordern, »mach' bitte«.

JUUL: War es immer für dich schwierig?

TOCHTER: Aufstehen?

JUUL: Nein, Schule.

TOCHTER: In der Schule sein macht mir Spaß, aber Lernen ist nicht gerade mein Hobby. Aber das kann wohl niemand von sich behaupten.

JUUL: Und wie alt bist du jetzt?

TOCHTER: 15.

JUUL: Und deine Eltern oder deine Mutter müssen jeden Tag hart für deine Schule arbeiten?

TOCHTER: Ja, sie machen es halt.

JUUL: Ist das notwendig und von dir gewünscht?

TOCHTER: Nein.

MUTTER: *(zieht fragend die Augenbrauen hoch)*

JUUL: Kannst du versuchen, deiner Mutter zu helfen? Also was zu sagen über deine Schule und diese ständigen Konflikte, sodass deine Mutter weiß, wer du bist.

TOCHTER: Schwer. Ich würde halt gerne mal meine Schule selbst in die Hand nehmen, selbst dafür verantwortlich sein, und nicht immer meine Eltern bei mir haben, die mich darauf aufmerksam machen und mir im Genick hocken.

JUUL: Aber?

TOCHTER: Es geht halt nicht. Ich kann es ihnen noch so oft sagen, dass ich es lieber alleine machen würde.

JUUL: Und?

MUTTER: Also, wir haben das schon zurückgeschraubt, ganz bewusst, ihr das zu überlassen. Aber das Resultat ist halt, dass dann die Briefe von der Schule kommen, dass die Hausaufgaben nicht gemacht sind, die Leistungen nicht da sind. Wie soll man dann reagieren?

JUUL: Das ist ja die 100.000-Euro-Frage, wie man das machen kann. *(Lachen)* Aber man kann sich selbst und seine Tochter beobachten und sagen: »Wir versuchen in dieser Art und Weise zu helfen« und dann schauen, ob es hilft. Das ist ja das Entscheidende – ob es hilft.

MUTTER: Wir haben es versucht und auch mit ihr besprochen, das zurückzunehmen. Aber von ihr ist halt die Kraft nicht da, das selbst in die Hand zu nehmen.

JUUL: Das war nicht meine Frage. Was du machst, um deiner Tochter mit der Schule zu helfen – hilft das auch?

MUTTER: Bis jetzt nicht.

JUUL: Ok. Ist es unmöglich, sich vorzustellen, damit aufzuhören?

MUTTER: Ich muss wohl, aber das ist sehr schwer.

JUUL: Ja. Das glaube ich. Aber es ist auch notwendig, denn wenn man immer das Falsche macht, verliert man auch seine Kreativität. Dann kommt man auf keine anderen Ideen oder Möglichkeiten, dann wird das ein Familienproblem. Eure Tochter sagt: »Ich versuche und versuche es, schaffe es aber nicht.« Die Mutter sagt: »Ich versuche und versuche es, schaffe es aber nicht.« Das ist demütigend für alle. Aber vielleicht kannst du deiner Tochter in einem oder zwei Sätzen, höchstens drei, sagen, was du von ihr heute und morgen willst: »Ich will das und das und das.«

MUTTER: Ich will, wie alle Eltern, nur das Beste für sie, ganz klar.

Ich will, dass sie vorwärtskommt, dass sie ihren Weg gehen kann, dass sie selbst glücklich und zufrieden ist.

JUUL: Das sind jetzt alles Gefühle. Was willst du, dass sie machen soll? Was willst du von ihr haben?

MUTTER: Ich möchte gerne, dass sie aktiv ist und etwas leistet.

JUUL: Das ist ein bisschen zu generell. Kannst du es etwas konkreter sagen?

MUTTER: Ich möchte, dass sie sich hinsetzt und für die Schule etwas tut, und das sehe ich nicht bei ihr.

JUUL: Ok.

MUTTER: Ich sehe nur, dass die Zeit verplempert und vergeht.

JUUL: Kannst du dir vorstellen, dass ich zum Bäcker gehe und sage: »Ich möchte gerne gute Brezeln, aber das haben Sie ja sowieso nicht.« Genauso sagst du es.

MUTTER: Mmh.

JUUL: Dieser Bäcker *(zeigt auf die Tochter)* ist aber höflich und sagt nicht: »Dann gehen Sie halt zu einem anderen Bäcker.« Ich glaube, es ist wichtig, ganz konkret zu sagen, was will ich. Zum Beispiel: »Ich will, dass du morgens aufstehst, dass du jeden Tag in die Schule gehst, dass du deine Hausaufgaben machst.« Nur Konkretes.

MUTTER: Ja, das will ich.

JUUL: Das alles. *(Zur Tochter)* Kann sie das haben?

TOCHTER: Theoretisch ja.

JUUL: Theoretisch ist nicht mein großes Interesse.

TOCHTER: Mir würde es auch mehr Freude machen, wenn ich es alleine machen dürfte.

JUUL: Ja oder nein?

TOCHTER: Ja.

JUUL: Das ist aber gefährlich, denn ich glaube, dass als Nächstes kommt: Ja, aber …

TOCHTER: Ja, aber ich würde auch mehr Freiraum wollen für meine Schule. Dass ich es selbst machen darf.

JUUL: Richtige Antwort ist: »Mama, unter diesen Bedingungen kannst du das nicht haben.« Stimmt das?

TOCHTER: Genau.

JUUL (ZUR MUTTER): Was denkst du?

MUTTER: Das sieht jetzt so aus, als wäre ich ihr immer hinterher, was sie genau macht in der Schule …

JUUL: Jetzt hast du gefragt und du hast eine Antwort gekriegt. Was denkst du über diese Antwort?

MUTTER: Das, was ich gerade sagen wollte: dass es den Eindruck macht, als wäre ich *nur* hinter ihr her. Ich bin aber nur hinter ihr her, wenn ich eine lange Zeit zugeschaut habe und nichts geschieht. Dann fange ich natürlich an, in Panik zu geraten.

JUUL: Heißt das, du gehst zu deiner Tochter und sagst: »Ich habe Panik, kannst du mir helfen?«

MUTTER: Ich sage es nicht so, aber sie merkt es, sie sieht es, dass die Zeit dann zu knapp ist, es ist nicht mehr zu schaffen. Wenn sie mittags von der Schule nach Hause kommt, dann verstehe ich, dass sie fertig ist und Erholung braucht. Dann schaut sie sich was im Fernsehen an, aber dann gibt es kein Ende, weil der Fernseher gibt keine Ruhe, der läuft pausenlos und sie muss ihn stoppen. Und das will sie nicht und dann vergeht Zeit und am Abend kommt der Vater nach Hause und dann haben wir den Salat.

TOCHTER: Aber bevor der Papa nach Hause kommt, sitz ich längst unten und lern. Um 14 Uhr komme ich von der Schule, und um 15 Uhr, spätestens 16 Uhr geh ich runter zum Lernen. Am Dienstag bin ich um vier runtergegangen, aber da bin ich erst um drei nach Hause gekommen, und eine Stunde Pause brauche ich schon von der Schule. Dann geh ich runter und gehe um 20 Uhr wieder hoch, dann bin ich fertig mit Lernen und dann brauche ich wieder Pause. Wenn ihr mir nicht die ganze Zeit sagen würdet, dass ich runtergehen und lernen soll, dann würde ich es auch alleine machen, aber wie soll ich denn den Moment herausfinden, in dem ihr es gerade nicht sagt, und dann selbstständig runtergehen?

JUUL (ZUR MUTTER): Kannst du ein bisschen laut denken?

MUTTER: Das ist halt ein Unterschied in der Wahrnehmung. Sie sieht es anders, als ich es sehe.

JUUL: Ja, das ist kein Wunder. So ist es zwischen Menschen. Wahrheit existiert nicht.

MUTTER: Aber da müssen wir halt zu einem Kompromiss kommen.

JUUL: Nein! Das ist zu spät. Entweder bekommt eure Tochter die volle Verantwortung für ihre Schule oder nicht. Dann ist es vorbei mit Kontrolle, vorbei mit Kommentaren über Schule, wenigstens für ein ganzes oder ein halbes Jahr. Dann ist das wirklich nicht erlaubt. Denn das ist so chaotisch hier, wer eigentlich verantwortlich ist. Eure Tochter sagt: »Ich kann, glaube ich. Ich habe es nie probiert, aber ich kann verantwortlich sein, und ich glaube, ich kann erfolgreich sein.« Und wir haben hier eine Mutter, die sagt: »Ich trau dir das nicht zu, ich behalte die Verantwortung, und ich war noch nie erfolgreich.« Mhm?

MUTTER: *(nickt leise)*

JUUL: Daher kommt es ja, dass ihr als Eltern nicht glaubwürdig seid. Eure Tochter kann nicht in aller Ruhe sagen: »Dann überlasse ich meinen Eltern die ganze Verantwortung, denn die wissen es ja besser, und wenn die ein Projekt haben, ist das immer erfolgreich.« Es gibt, wie in vielen Familien, eine Hyperaktivität der Eltern und eine Unteraktivität der Kinder. Und je mehr diese Unteraktivität deutlich wird, umso hyperaktiver werden die Eltern und alle anderen Erwachsenen. – Ich kann ohne Ausnahme sagen: Die Erwachsenen sind nie erfolgreich! Es ist nie einem Erwachsenen gelungen mit dieser Strategie. Das Problem von euch Eltern ist natürlich, dass sie sagt: »Ich schaffe es alleine, aber ich kann es nicht beweisen.« Als Eltern möchte man natürlich gerne Beweise haben. Wenn man erlebt: »Ich hab so viele schlechte Erfahrungen, wenn ich als Mutter verantwortlich sein muss«, dann will man verständlicherweise wenigstens ein paar Beweise haben, dass es geht in der Schule, wenn sie es alleine macht. Leider ist das ganz unmöglich! Denn es geht nicht um die Beziehung eurer Tochter zur Schule. Es geht nur um die Beziehung zwischen eurer Tochter und ihren Eltern. Da müssen die Eltern die Führung übernehmen und sagen: »Jetzt ändern wir unsere Beziehung zu dir und hoffen, dass dann eine Möglichkeit entsteht, dass du deine Beziehung der Schule gegenüber ändern kannst.« Die Eltern müssen zuerst etwas tun.

Wenn man wirklich nervös ist, kann man sagen: »Jetzt bist du verantwortlich für deine Schule, ich habe sie auf den Tisch gelegt. Ich will aber, dass wir in zwölf Monaten wieder darüber reden. Ich kann mir vorstellen, wenn ich glaube, du bist nicht erfolgreich, dass ich dann die Verantwortung wieder übernehme.« Das ist die einzige Versicherung, die es gibt. Wenn man diese Verantwortung den Kindern überlässt, dann provoziert das ganz viel Angst in den Eltern.

MUTTER: Klar!

JUUL: Für diese Angst können unsere Kinder nichts tun. Damit müssen wir Erwachsenen umgehen lernen, sodass es die Schularbeiten unserer Kinder nicht immer stört. Es ist nicht einfach und für manche auch sehr schwierig. Aber wenn man wirklich am Ende seiner eigenen Möglichkeiten ist, dann sollte man versuchen zu sagen: »Ich habe viel gearbeitet, ich war nicht erfolgreich, und jetzt höre ich auf. Jetzt kannst du deine Verantwortung für die Schule übernehmen. Du kannst Hilfe haben, du kannst in 14 Tagen, drei Monaten, einem halben Jahr zu mir kommen und sagen: ›Ich schaffe es nicht, kannst du bitte die Verantwortung wieder übernehmen.‹« Aber es ist wichtig, dass klar ist, wo die Verantwortung liegt, und im Moment liegt alles bei der Mutter.

MUTTER: Das glaube ich eigentlich nicht. Ich habe die Verantwortung schon übergeben.

JUUL: Nein.

MUTTER: Ich bilde es mir zumindest ein.

JUUL: Das ist es.

MUTTER: Ein Beispiel: Sie hatten ein Buch zu lesen, das wurde schon vor zwei, drei Monaten angekündigt, und es wird nächste Woche abgefragt. Ich habe sie heute gefragt und sie hat das Buch noch gar nicht gelesen und am Dienstag kommt die Schulaufgabe darüber. Das ist unmöglich zu schaffen. Ich hab sie aber in Ruhe gelassen.

TOCHTER: Uns wurde vor einem halben Jahr gesagt, dass wir das Buch lesen sollen. Ich hab das Buch zur Hälfte durch, und vor drei Tagen wurde uns gesagt, dass am Dienstag die Schulaufgabe kommt. Jetzt werde ich es heute Nachmittag fertig lesen, es ist nicht dick.

MUTTER: Aber es sind auch noch andere Sachen zu machen bis Montag, das ganze Wochenende. Also ich könnte es nicht schaffen.

JUUL: Und du fühlst dich nicht verantwortlich? *(Lachen)* Mit so viel Verantwortungsgefühl verdienst du mindestens eine Million Euro pro Jahr. Hörst du dich selber?

MUTTER: Ja.

JUUL: Du hast die volle Verantwortlichkeit. Es ist nur eine Formsache, wenn du sagst: »Du bist jetzt verantwortlich.« Denn du sagst auch: »Ich bin im Hintergrund, und ich weiß alles, und wenn ich kontrolliere, versuche ich eben in Zukunft, ein bisschen nett zu sein.« Aber Kontrolle ist Kontrolle.

MUTTER: Hm.

JUUL: Die Verantwortlichkeit für die Schule liegt hier zwischen euch beiden auf dem Tisch, und jeder kämpft seinen unmöglichen Kampf, und mittlerweile geht's mit der Schule schlecht.

MUTTER: Ich meine halt, wenn ich ihr die Verantwortlichkeit ganz überlasse, dann geht es immer weiter den Bach runter. Sie ist jetzt gefährdet im Halbjahreszeugnis, da braucht man nicht viel Fantasie.

JUUL: Dagegen steht meine Aussage: Wenn du so weitermachst, *dann* geht es den Bach runter. Ganz sicher. Mehr kann ich eigentlich nicht sagen. Wenn du zu mir kommst und fragst: »Wie kann ich meiner Tochter die Verantwortung übergeben«?, dann kann ich dir helfen. Aber vorher kommt dieser Prozess: »Will ich das wirklich oder will ich das nicht? Hab ich zu viel Angst? Ist es zu wichtig?« Denn eins ist ja diese Verantwortung für die Schule, das andere ist die generelle Elternverantwortung. »Inwieweit bin ich für das Schicksal meiner Kinder verantwortlich?« Das müssen alle Eltern für sich selbst entscheiden. Das können Leute wie ich nicht entscheiden.

Ich kann nur sagen: Ich habe in eure Tochter viel Vertrauen. Ich glaube, sie kann die Verantwortung übernehmen. Ich glaube, sie wird es nie so gut in der Schule machen, wie es sich ihre Eltern wünschen. Aber sie wird es durchmachen. Sie wollte eigentlich etwas ganz anderes tun, aber sie wird es für die Zukunft, für die Eltern usw. machen. Es wird nicht mit Freude sein oder mit dem Ehrgeiz, spitze zu sein. Das ist schon länger vorbei. Warum – das weiß ich nicht. Ich glaube, das hat nichts mit den Eltern zu tun, das hat mit einer nicht gelungenen Beziehung zwischen Schule und Schülerin zu tun, und dafür ist natürlich die Schule auch verantwortlich. Aber genau diese Verantwortung wollen die Schulen nicht haben. Die Verantwortung schieben sie weiter an die Schüler oder an die Eltern. *(Mutter: Ja.)* Das ist absurd, aber so ist es. Es ist das einzige Geschäft in unserer Kultur, wo die Mitarbeiter nicht verantwortlich sind für das, was sie verkaufen. Dann ist es natürlich auch schwierig für ein intelligentes Kind, dieses Spiel mitzumachen. Zu sagen: »Ich spiel mit und bin brav und mache meine Eltern glücklich und vielleicht gibt es nachher ein Leben.« *(Zur Mutter)* Wie sieht es aus in deinem Kopf, musst du nachdenken?

MUTTER: Ja, ich verstehe das schon. Das ist schwer, sich da reinzufinden, aber wenn es ihr hilft, dann werde ich mit aller Kraft versuchen, das zu ändern.

JUUL: Ich kann dir ein paar Hinweise geben. Wenn man Verantwortlichkeit *zurück*gibt – darum geht es eigentlich, denn man kann ja eigentlich nie für einen anderen Menschen die persönliche Verantwortung übernehmen. Das ist nicht möglich. Das ist ein altes Spiel zwischen Ehepaaren: »Ich bin unglücklich und du bist schuld.« Traditionellerweise lief Erziehung immer so. Als Elternteil haben wir die persönliche Verantwortung für unsere Kinder übernommen. Beispiele sind: Wann bist du hungrig, wann satt, wann musst du schlafen, was ist mit deinen Haaren, was mit deinen Freunden, usw. Dann erwarten wir, absurderweise, dass die Kinder so mit zwölf, 13 alles selber übernehmen können. Das ist absurd, denn sie hatten ja keine Chance zu üben, wir haben das alles gemacht. Aber trotzdem erwarten wir es. Wir müssen als Eltern wissen: *Wir* haben uns so verhalten, *wir* sind dafür verantwortlich. Und das heißt in diesem Fall: »Liebe Tochter, ich habe jetzt zehn Jahre lang versucht, deine Verantwortung für deine Schule und deine Ausbildung zu verwalten, zu übernehmen. Das ist mir nicht gelungen!« Das ist ein schwieriger Satz: »Das ist mir nicht gelungen« (statt: »Du bist ja unmöglich«), »deswegen gebe ich sie dir zurück, und ich hoffe, du bist erfolgreicher als ich.« Dann kommen die Schwierigkeiten: Was mache ich mit meiner Hyperaktivität, denn die ist ja noch da, und mit meinen Antennen, Gedanken usw.? Damit muss man eine Zeit lang seinen Partner beschweren oder andere Erwachsene, nicht die Kinder. Was wir vergessen, ist: Unsere Kinder fühlen sich ab dem Moment ihrer Geburt für unser Leben, unsere Zufriedenheit, unser Glück furchtbar verantwortlich, und wenn diese Zufriedenheit nicht da ist, dann wird man, wie zum Beispiel eure Tochter, sehr müde und alle Energie geht weg. Die Energiemenge innerhalb eurer Familie kann viel konstruktiver verteilt werden. Das heißt, dass die Mutter in diesem Fall die Initiative übernehmen muss – ohne Sicherheitsnetz. Wenn wir uns ein Schreckensbild ausmalen: In der Zukunft steht eure Tochter da und ist total unglücklich, sie hat viele Pläne, sie kann sie aber nicht in die Tat umsetzen, denn sie steht jedes Mal vor einer verschlossenen Tür, weil die Schulausbildung nicht gelungen ist – dann braucht sie keine Mutter und keinen Vater, die sagen: »Das haben wir dir doch gesagt.« Wenn das geschieht, dann kommen die Kinder überhaupt nicht. Es ist entscheidend für die Zukunft, für eure Beziehung. – Aber es tut mir gut, dass du so viel darüber nachdenkst. Denn diese Verantwortung zurückzugeben *ist* schwierig. Wenn jemand gleich sagt: »Ja, ja, das mach ich«, dann denke ich, der hat's nicht ganz verstanden. Aber es ist das Beste, was du für eure Tochter und die Schule machen kannst und auch für dich. Weil dich das sehr belastet.

MUTTER: Schon.

JUUL (ZUR TOCHTER): Was denkst du?

TOCHTER: Ich find's gut, aber ich glaube, dass es schon schwer wird.

JUUL: Ja, natürlich. Aber willst du diese Verantwortung haben oder lieber nicht?

TOCHTER: Auf jeden Fall will ich sie haben.

MUTTER: Ich muss mich halt sehr stark bremsen.

JUUL: Bremsen ist nicht genug. Ändern! Das ist das Schwierige. Danke!

MUTTER: Danke!

RÜCKMELDUNG DER BETEILIGTEN FAMILIE NACH DREI WOCHEN

MUTTER: Das gemeinsame Seminar liegt schon fast drei Wochen zurück. Unsere Tochter und ich haben noch oft davon gesprochen. Wir fanden das Seminar sehr interessant. Unser dargelegtes Problem war die mangelnde Motivation unserer Tochter, ihre Aufgaben und Pflichten zu erfüllen. Die Anregungen von Jesper Juul kann ich gedanklich gut nachvollziehen, tue mich aber im täglichen Leben immer noch schwer damit. Nach dem Seminar lehnte unsere Tochter jegliche Unterstützung und Kontrolle bezüglich der Hausaufgaben von ihren Eltern strikt ab. Begründet hat sie dies damit, selbst verantwortlich sein zu wollen. Dies haben wir, ihre Eltern, respektiert, mussten aber leidend mit ansehen, dass sie diese Verantwortung nur sporadisch übernahm. Von der Schule folgten Klagen über nicht gemachte Hausaufgaben und Verschlechterung der Noten. Nach einem klärenden Gespräch mit ihr vereinbarten wir, dass sie unsere Unterstützung gerne in Anspruch nehmen kann, die Initiative aber von ihr ausgehen muss. Wir sind dabei, einen Mittelweg zu finden, mit dem Ziel, dass sie mehr und mehr selbstständig und eigenverantwortlich ihre Aufgaben löst. Mit Ermutigung haben wir auch schon kleine Erfolge erzielt. Das Seminar fand in einer angenehmen Atmosphäre statt, bei guten Rahmenbedingungen. Wir waren angenehm überrascht von der Offenheit und Kooperationsbereitschaft der Eltern und vor allem der Jugendlichen. Es tat uns gut zu sehen, dass wir mit unseren Problemen nicht alleine sind. Dies gibt uns Kraft und Mut. Vermisst habe ich etwas das Appellieren an die Jugendlichen, auch ihren Beitrag zu einem harmonischeren Familienleben zu leisten. Schade, dass die Jugendlichen nicht mehr Zeit hatten, sich kennenzulernen und auszutauschen.

FAMILIE 10

Wie sollen wir miteinander umgehen?

DABEI SIND: MUTTER. IHRE BEIDEN SÖHNE SIND IM PUBLIKUM UND HÖREN ZU. DER VATER IST VOR EINEM HALBEN JAHR GESTORBEN.

MUTTER: Ich bin hier, weil mich die Frage beschäftigt, wie ich mit meinem 19-jährigen Sohn umgehen soll, der noch bei mir lebt. Einerseits habe ich schon viel abgegeben, und das ist echt entlastend, mich nicht mehr so verantwortlich zu fühlen. Andererseits sehe ich, dass es ihm nicht gut geht, dass er eigentlich Hilfe bräuchte, aber ich kann ihm diese Hilfe nicht geben. Er ist im Moment zu Hause, hat die Schule abgebrochen, kurz vorm Abschluss, und hängt jetzt rum (wie man so sagt). Am Anfang war es schwer für mich. Ich habe noch versucht, Druck auszuüben und zu sagen: »Du kannst hier wohnen und leben, du musst kein Abitur machen, eine Ausbildung ist auch ok.« Dann habe ich gesagt: »Auch keine Ausbildung, nur einen Job, nur irgendwas oder ein freiwilliges soziales Jahr.« Das hat er bis jetzt nicht geschafft. Durch den Druck, den ich gemacht habe, hat er einen Job begonnen, dann auch gleich wieder fallen lassen. Ich sehe aber auch, dass er nicht böswillig oder faul ist, sondern ich sehe, dass er blockiert ist. Er will mich auch nicht enttäuschen. Er findet es nicht toll, es hemmt ihn noch zusätzlich, dass er uns bzw. mich – mein Mann ist gestorben letztes Jahr – so enttäuscht hat. Ich denke, dass er Hilfe bräuchte von außen. Er hat Kontakt zu einem Therapeuten aufgenommen, das hat er begonnen, aber das hat er nicht zu Ende geführt. Vor Kurzem hat er selber gesagt: »Ich glaube, ich habe in meinem Leben noch nie was vollendet«, und das ist auch so ein bisschen sein Thema. Deshalb nun meine Frage: Wie geh ich damit um? Ich versuche loszulassen, denn das tut mir ganz gut, mich um meine Dinge zu kümmern, und ich habe auch genügend andere Baustellen. Andererseits, da wir ja noch zusammenleben, bin ich immer wieder konfrontiert damit, und das holt mich immer mal wieder ein, sodass ich wieder mal die Mutter raushängen lasse und irgendwas Blödes sage. Jetzt kommt von außen, von der Verwandtschaft, von Freunden usw.: »Du musst ihn rausschmeißen. Der hat es zu gut zu Haus, solange er so behütet ist und nicht spürt, was es bedeutet, wenn man für sich selber Verantwortung übernehmen muss, dann wird sich auch nichts ändern.« Vom Kopf her kann ich das nachvollziehen, aber ich bin mir nicht sicher, ob das wirklich richtig ist und ob es ihm wirklich helfen würde. Dann habe ich auch noch das Problem, dass ich finanzielle Nachteile dadurch habe, dass er keine Ausbildung macht. Ich kriege kein Kindergeld, keine Halbwaisenrente, und er trägt nichts dazu bei. Ich denke, das Finanzielle sollte jetzt nicht so ein Thema sein, aber irgendwo wurmt es mich halt doch, und ich finde es ungerecht und denke, er sollte seinen Beitrag leisten, und am Anfang hat er das auch gemacht. Kurz nachdem mein Mann gestorben ist, hat er so diese Hausmannrolle übernommen und das Kochen und die Küche zu Hause. Und das fand ich auch gut, aber das hat er jetzt ziemlich vernachlässigt, und ich hab mich nicht verlassen können, dass er diese Aufgabe wahrnimmt. Irgendwie denke ich, ob das eine Eltern-Kind-Beziehung ist? (So sehe ich das ja auch nicht mehr.) Auch in der Partnerschaft erwartet man, dass halt jeder seinen Beitrag leistet. Ich hab gedacht, ich muss ihm nur Zeit geben, und das habe ich auch gemacht. Die Frage ist, wie lange. Meine Frage ist: Inwieweit fördere ich diesen Zustand, in dem er sich jetzt befindet, indem ich einfach nichts tue und einfach nur zugucke? Oder ist es nicht meine Aufgabe, ihn zu konfrontieren? Denn wenn ich es nicht tue, wer tut es dann?

JUUL: Das Letzte kann ich beantworten. Er konfrontiert sich jeden Tag selbst. Das ist also nicht notwendig. – Zu deiner ersten Frage gibt es viele Ideen und Theorien. Hier in Deutschland hört man es oft so, wie es deine Verwandten gesagt haben. Ich weiß es nicht. Ich würde gerne mal eine große Untersuchung durchführen, um festzustellen, ob dieser Weg etwas geholfen hat oder ob das nur etwas ist, was man eben so macht. Also so ein Elternspiel. Ich glaube, wie du das bis jetzt gemacht hast, ist es sehr vernünftig, d.h. sich nicht für eine gewisse Strategie zu entscheiden. Denn Strategien gehören zum Krieg oder zur Werbung. Aber es geht um deine wahren Grenzen: Womit kannst du leben und womit kannst du nicht leben?

MUTTER: Ja, das ist schwierig. Diese Frage habe ich mir ja schon gestellt. Einerseits ist da die Ratio oder diese Konzepte, die man hat: Das muss so und so sein. Andererseits ist aber auch das Gefühl dabei, dass ich da vielleicht nicht wirklich dahinterstehe. Das ist das, was ich eigentlich nicht wirklich weiß.

JUUL: Ich denke immer, wenn ich solche Geschichten höre, an einen der großen Künstler dieser Welt, den Schauspieler Danny Kaye, mittlerweile verstorben. Er hat eine wunderbare Geschichte erzählt: Er war der Jüngste einer jüdischen Bankiersfamilie in New York. Jeden Sonntag trafen sich alle zum Mittagessen, Großeltern, Onkel usw., und redeten über ihre Kinder: »Mein Sohn ist in Harvard, mein Sohn ist hier, mein Sohn verdient so viel …« Und sie fragten: »Wie geht es mit Danny?«, und der Vater antwortete: »Schlecht, er macht eigentlich nichts, er schläft bis zwei Uhr nachmittags, und die ganze Nacht ist er in den kleinen Theatern am Off-Broadway unterwegs.« Alle Verwandten schimpften den Vater und sagten: »Du musst etwas tun!«, und jeden Sonntag antwortete der Vater: »Ja, ich muss etwas tun.« Was er eigentlich machte, war, jeden Morgen, bevor er in die Bank ging, fünf Dollar unter Dannys Kopfkissen zu legen. Das war die einzige Unterstützung, die er ihm im Geheimen geben konnte, denn in der Öffentlichkeit musste er dieses Spiel mitmachen. Das hat nicht nur das Leben von Danny Kaye gerettet, es hat aus ihm auch einen wunderbaren Künstler gemacht. – Also, was ist richtig, was ist falsch? Ich weiß es nicht. Ich weiß nur, dass wir als Eltern mit diesem Rollenspiel aufhören können. Wir sind noch wichtig als Sparringspartner, wir sind noch wichtige Vorbilder und Modelle für unsere Kinder. Man sollte seine wahren Grenzen, seine eigenen Werte, seine eigenen Gefühle nicht für seine Kinder opfern. Man sollte nicht eine Beziehung aufbauen oder ständig haben, in der man sagt: »Mit dir zusammen zu sein tut mir weh, kostet mich immer viel, aber weil ich dich liebe, mache ich das mit.« Das ist, glaube ich, furchtbar für beide und für die Beziehung. Aber wenn man spüren kann: »Das ist eigentlich für mich ok, ich fühle mich wohl«, dann kann man weitermachen oder ändern, wenn es sich ändern lässt. Aber für solche Ideen wie die deiner Verwandten habe ich sehr wenig Respekt. Ich glaube, Goethe hat das gesagt: »Man merkt die Absicht und ist verstimmt.« Es ist immer eine Art von Manipulation: Ich verhalte mich auf eine bestimmte Weise, weil ich eigentlich will, dass *du* anders wirst, und das funktioniert nie in Liebesbeziehungen. Nie.

MUTTER: Ja. Ich weiß.

JUUL: Ich kann mich als Mutter fragen: Kann ich mir vorstellen, dass ich in fünf Jahren zu meinem Sohn komme und sage: »Jetzt habe ich so viel für dich geopfert und deine Schuld dafür ist so groß.« *(Juul zeigt einen halben Meter an.)* Wenn das eine Möglichkeit ist, dann muss man aufhören! Es muss nicht notwendigerweise ein Gleichgewicht zwischen Geben und Nehmen entstehen. Aber kann ich meinem Sohn, meiner Tochter, meiner Frau etwas mit einer offenen Hand geben, ohne dass ein Preis dahintersteht? Das ist wichtig, alles andere ist Quatsch. Ich kenne deinen Sohn ja nicht, aber für mich hört es sich so an, als befindet er sich in einer Art existenzieller Krise, und das kann lange dauern. Für Erwachsene (also so »richtig« Erwachsene) haben wir ganz andere Normen. Wären eine Frau wie du oder ein Mann wie ich in einer solchen Situation, dann würde unser Hausarzt und Therapeut sagen: »Sie müssen sich krank melden. Sie brauchen mindestens ein halbes Jahr, wo Sie sich um sich selbst kümmern können.« Aber wenn es um Jugendliche geht, dann müssen wir sie unter Druck setzen! Das ist merkwürdig, denn sie sind ja genauso richtige Menschen wie wir. Bei uns zu Hause verdiene ich mehr als meine Frau, und ich kann mir vorstellen, ich käme in eine solche Krise, wo diese Arbeit für mich keinen Sinn mehr macht: »Ich bin 61, ich weiß nicht, was ich machen soll, aber arbeiten schaffe ich nicht mehr.« Und ich versuche mir vorzustellen, dass meine Frau jeden Morgen kommt und sagt: »So geht das nicht weiter, hier kannst du nicht wohnen, wenn du nichts beiträgst.«

So etwas geht nur, wenn man wirklich glaubt, der Betreffende ist *nur* faul. Aber dazu möchte ich auch sagen, dass ich in meinem Leben nie einen Jugendlichen getroffen habe, der nur faul war. Erwachsene schon, aber nicht Jugendliche. So, wie du das die letzten Monate gemacht hast – überlegen, nachdenken, spüren, ein bisschen im Kopf aufräumen –, das hilft. Denn wir alle haben ja diese »guten« (oder eher schlechten) Prinzipien oder Vorschläge von anderen im Kopf, und meiner Meinung nach haben die wenig Wert. Es gibt Eltern mit sehr verschiedenen Grenzen. Es gibt Eltern, die können ihren Kindern alles mit einer offenen Hand geben, und warum sollten sie das dann nicht tun? Dann gibt es andere, die sagen: »Nein, ich kann so viel geben, und nicht mehr.« Furchtbar für alle wird es, wenn das »Bilanzspiel« anfängt: »Ich habe so viel für dich getan, jetzt musst du das für mich tun«, oder: »du bist mir das schuldig …«. Ich weiß nicht, ob es für Frauen schwieriger ist, aber ich glaube jedenfalls, die meisten Frauen denken viel differenzierter darüber nach, besonders als Frau und Mutter: Was habe ich in meinem Herzen? Wann bin wirklich *ich* dran? Oder wann bin ich nur sentimental zu meinem »Baby«? Wenn das anfängt, ist es nicht gut. Aber dass man mit seinem Sohn oder Freund unter solchen Umständen zusammenlebt, auch dafür haben wir ja Familie.

MUTTER: Ja, das ist ja diese bedingungslose Liebe.

JUUL: Nein, die bedingungslose Liebe ist ja da, darum geht es nicht. Es geht darum: Wie kann ich meine Liebe in *Verhalten* umsetzen, sodass es für dich gut, relevant und fruchtbar ist und dabei nicht für mich selbstzerstörerisch und ich dabei nicht über meine Grenzen gehe. Ich kann Kompromisse machen, aber ich kann mich nicht kompromittieren – das ist der Unterschied. Du bist ja eine erfahrene Frau, du warst schon mehrmals in der Problematik. Das muss man sich immer klar machen: Wie viel kann ich schaffen, kann ich mit offener Hand, bedingungslos, geben. Bedingungslos heißt: »Ich kann dir das geben und du musst nicht dafür bezahlen. Ich kann dir ein Dach überm Kopf und Essen geben, aber ich merke, wenn ich dir auch Geld geben muss, dann ist mir das zu viel.«

MUTTER: Ja, so habe ich das auch praktiziert.

JUUL: Es kann auch umgekehrt sein. »Ich kann dir Geld und jeden Tag zu essen geben, aber ich will nicht, dass du hier wohnst. Das ist mir zu aufregend. Da spiel ich immer Mutter und dieses Rollenspiel ist jetzt vorbei.«

MUTTER: Ja, das ist natürlich ein Prozess.

JUUL: Das ist ein Lernprozess und das müssen wir auch in die Bilanz mitaufnehmen: was wir als Mutter, als Mensch in der Situation lernen. Will ich einen Lernprozess durchlaufen oder will ich eine Lösung haben? Ich kann eine Lösung haben, aber dann lerne ich nichts. *(Mutter:* Das stimmt.*)* Dein Sohn kann noch zur Lebensqualität seiner Mutter beitragen.

MUTTER: Ja, aber ich muss mich auch um meine Lebensqualität kümmern. Am Anfang habe ich noch gesagt: »Das ist jetzt alles deine Sache, ich kümmere mich nicht mehr. Wir haben unseren Kindern genug mitgegeben und wir müssen darauf vertrauen, dass sie damit zurechtkommen.« Doch dann habe ich gemerkt, dass das einfacher gesagt als getan ist. Man muss auch emotional dahinterstehen. Ich bin gerade in diesem Prozess, mich mehr um mich zu kümmern, dann kann ich da auch mehr loslassen.

JUUL: Ja, und das ist für euch beide wichtig, dass du dich um dich kümmerst.

MUTTER: Ok, vielen Dank.

JUUL: Danke auch.

RÜCKMELDUNG DER BETEILIGTEN FAMILIE NACH VIER WOCHEN

MUTTER: Eigentlich kann ich nicht viel sagen, außer dass mir das Seminar sehr gut gefallen hat und ich mich noch einmal bei Ihnen dafür bedanken möchte. Auch wenn sich für mich persönlich nicht so viele neue Aspekte ergeben haben, so war es doch aufschlussreich, Jesper Juul und seine Gedanken persönlich kennenzulernen. Bei meinen Kindern ist natürlich die Erziehung schon lange vorbei und trotzdem bekommt man bei einem solchen Seminar wieder eine Ahnung davon, was gleichwürdige Beziehung bedeutet. Und die sollte ja nicht nur zwischen Eltern und Kindern, sondern für alle zwischenmenschlichen Beziehungen gelten. Obwohl ich kein Pädagoge bin, bin ich schon viele Jahre im Vorstand eines Pädagogik-Vereins ehrenamtlich tätig. In diesem Zusammenhang ist mir bei Ihrem Seminar noch einmal bewusst geworden, welche große Bedeutung dem Thema Schule in den Familien beigemessen wird und wie stark es die Eltern-Kind-Beziehung belastet.

JUUL (ZUM ABSCHLUSS DES SEMINARS): Ich möchte gerne vielen Dank sagen, das Seminar hat uns viel geholfen. Ihr wisst ja alle, dass euer Dasein auch sehr inspirierend für die anderen Eltern war. Ich bedanke mich und hoffe, dass wir uns vielleicht noch mal wiedertreffen können – ohne Probleme *(lacht)*.

Vielen Dank.

Buchtipps

Hannsjörg/Eva-Mariele Bachmann: *Familien leben. Wie Kinder und Eltern gemeinsam wachsen. Ein Grundlagenbuch.* Kösel 2019

Frank und Gundi Gaschler: *Ich will verstehen, was du wirklich brauchst. Gewaltfreie Kommunikation mit Kindern.* Kösel, 2020

Jesper Juul: *Aus Erziehung wird Beziehung. Authentische Eltern – kompetente Kinder.* Hrsg. v. Ingeborg Szöllösi. Herder, 2005

Jesper Juul: *Dein selbstbestimmtes Kind. Unterstützung für Eltern, deren Kinder früh nach Autonomie streben.* Kösel 2020

Jesper Juul: *Dein kompetentes Kind. Auf dem Weg zu einer neuen Wertegrundlage für die ganze Familie.* Rowohlt, 2009

Jesper Juul: *Die kompetente Familie. Neue Wege in der Erziehung.* Kösel, 2007

Jesper Juul: *Frag Jesper Juul – Gespräche mit Eltern.* Beltz, 2012

Jesper Juul: *Grenzen, Nähe, Respekt. Wie Eltern und Kinder sich finden.* Rowohlt, 2004

Jesper Juul: *Nein aus Liebe. Klare Eltern, starke Kinder.* Kösel, 2008 (auch als Hörbuch erhältlich)

Jesper Juul: *Unser Kind ist chronisch krank. Ein Ratgeber für Eltern.* Beltz, 2014

Jesper Juul/Helle Jensen: *Vom Gehorsam zur Verantwortung. Für eine neue Erziehungskultur.* Beltz, 2017

Jesper Juul: *Was gibt's heute? Gemeinsam essen macht Familie stark.* Beltz, 2016

Mathias Voelchert: *Chancen verlieben sich. Wie Partner sich immer wieder neu entdecken können.* Mathias Voelchert GmbH edition+plus 2014

Mathias Voelchert: *Liebevolle, elterliche Führung.* Beltz, 2017

Mathias Voelchert: *Trennung in Liebe … damit Freundschaft bleibt.* Kösel, 2019

Mathias Voelchert: *Zum Frieden braucht es zwei, zum Krieg reicht einer.* Kösel, 2016

Mathias Voelchert & Andrea Kästle: *Ich geh' aber nicht mit zum Wandern.* Kösel, 2015

familylab – die Familienwerkstatt

familylab bietet Eltern wertvolle Inspiration und Beratung. Wir ermuntern Eltern, gemeinsam zu erforschen: Wer sie sind und was sie sich wünschen – bezogen auf ihre Familie im Allgemeinen ebenso wie auf aktuelle Konflikte, die sie erfahren. familylab gibt es mittlerweile in 22 Ländern weltweit. Die LänderleiterInnen aller familylab-Länder haben sich in der familylab Association, dem familylab-Verein, zusammengeschlossen. Mehr Infos auf familylabassociation.com.

WAS SIE ALS ELTERN VON FAMILYLAB ERWARTEN KÖNNEN

Wir bieten Ihnen Beratung, Vorträge und Workshops durch qualifizierte Fachleute in Ihrer Nähe. Im Internet finden Sie umfangreiche Informationen rund um das Zusammenleben in der Familie, Videos, Downloads, Interviews, Veranstaltungshinweise, Büchershop, den familylab-Newsletter und vieles mehr.

FAMILYLAB FÜR FIRMEN, FAMILIEN, KITAS UND SCHULEN

Wir bieten Inspiration, Vorträge und Workshops für Eltern, aber auch für Firmen und ihre Mitarbeiter sowie für Schulen (Leitungsteams und Lehrer) und für Kitas und ihre Leitungen an. Schreiben Sie uns!

WEITERBILDUNG ZUR FAMILYLAB-SEMINARLEITERIN/ ZUR FAMILYLAB-FAMILIENBERATERIN

Wenn Sie Eltern mögen und vertrauen und wenn Sie mithelfen wollen, dass die Beziehungen von Eltern und ihren Kindern noch besser werden, dann beachten Sie unser Weiterbildungsangebot zur familylab-Seminarleiterin/zum familylab-Seminarleiter. Wir suchen Fachleute mit fünf Jahren Berufserfahrung, die sich für ein neues, außergewöhnliches Projekt für Eltern in Deutschland engagieren wollen. Wir bieten

Ihnen ein intensives, achttägiges Training mit einem zertifizierten Abschluss durch familylab International und Jesper Juul sowie fortlaufende qualifizierte Weiterbildungen.

BEZUGSMÖGLICHKEIT

Die DVD »Pubertät ist eine Tatsache, keine Krankheit«, auf der die Dialoge zwischen Jesper Juul und den Familien dieses Buches beruhen, können Sie online bestellen im familylab-Buchshop:

2 DVDs, 7 Stunden, 39 Minuten Spieldauer, 19.95 €
http://shop.famlab.de/Pubertaet_ist_eine_Tatsache_keine_Krankheit_2_DVDs

MEHR INFORMATIONEN IM INTERNET

www.familylab.de
Für Österreich: www.familylab.at
Für die Schweiz: www.familylab.ch
E-Mail: info@familylab.de
Tel: 0157 / 39 60 24 34

POSTANSCHRIFT

familylab Deutschland GmbH
Heidy de Blum (Leiterin familylab Deutschland seit dem 1.1.2023)
Düsseldorferstraße 9a
97437 Haßfurt

Über den Autor

JESPER JUUL,

1948–2019, war Däne, Lehrer, Familientherapeut, Konfliktberater und Autor. Er gehört zu den großen Impulsgebern für eine Pädagogik der Zukunft. Als einer der innovativsten Familientherapeuten Europas unterstützte er mit seiner 2004 gegründeten Familienwerkstatt »familylab« Eltern dabei, eine authentische Führungsrolle in der Familie einzunehmen. »familylab« gibt es in vielen Ländern Europas: u.a. in Dänemark, Norwegen, Schweden, Deutschland, Österreich und Kroatien. (Weitere Informationen unter www.familylab.de.)

1972 schloss Jesper Juul sein Studium der Geschichte, Religionspädagogik und europäischen Geistesgeschichte ab. Statt die Lehrerlaufbahn einzuschlagen, nahm er eine Stelle als Heimerzieher und später als Sozialarbeiter an und bildete sich in Holland und den USA bei Walter Kempler zum Familientherapeuten weiter. Lange Jahre war er Leiter des von ihm gegründeten »Kempler Instituts Skandinavien«. Kempler gehörte zu denjenigen Mitarbeitern von Fritz Perls, die die Gestalttherapie seit Mitte der siebziger Jahre nach Europa brachten. Jesper Juul entwickelte daraus eine eigenständige Therapie- und Beratungsform: Kurzzeitinterventionen mit der ganzen Familie, handlungsorientiert und praxisnah. Ziel der Arbeit war und ist es, die Eltern bei der Suche nach neuen Wegen in der Erziehung zu unterstützen und nicht, sie in ihrem Versagen zu bestätigen, was ihnen, so Jesper Juul, jedoch leider regelmäßig widerfahre, wenn sie in ihrer Ratlosigkeit Erziehungsexperten konsultierten.

Jesper Juul war Autor von etwa 20 Büchern, die in viele Sprachen übersetzt wurden. Zu seinen bekanntesten gehören *Das kompetente Kind, Die kompetente Familie, Was Familien trägt* und *Nein aus Liebe.*

LESEPROBE

Loslassen ist nichts für Feiglinge!

Wir haben sie gewickelt und gestillt, bespaßt und herumkutschiert, unterstützt und getröstet: unsere Kinder. Dass sie irgendwann lebenstüchtig genug sind, um uns zu verlassen, haben wir immer gehofft und zugleich befürchtet. Jetzt sind sie groß, cool, wissen alles besser und verabschieden sich so langsam in die Unabhängigkeit. Und wir? Müssen uns neu erfinden – ohne das Projekt Brutpflege und die dazugehörigen (Streit-)Themen. Doch halt: So ganz weg ist der Nachwuchs dann doch noch nicht, denn wenn's hart auf hart kommt, steht er prompt wieder vor der Tür und will, dass wir ihm die Waschmaschine erklären. Worüber wir insgeheim beinahe ein bisschen froh sind …

Wer sind wir und wenn ja, warum?

Steckbrief

Name: Lucinde
Alter: 49
Kinder: 4 – William (12), Lilli (18), Maria (19), Paulina (23)
In die weite Welt gezogen: mit 20
Lieblingsessen: Gemüse in allen Varianten
Stattdessen esse ich oft: Pausenbrote, die schon einmal in der Schule waren
Schlafmodus: durchwachsen
Urlaubsreife: maximal
Was ich mal werden möchte: eine entspannte Oma – auf Weltreise!
Worauf ich mich freue: Abi 2023! Und nie wieder ein Elternabend!
Was ich schon lange (im Sinne von JAHRELANG) nicht mehr gemacht habe: das Fernsehprogramm bestimmen, ausschließlich Gemüse essen, durchschlafen, kein schlechtes Gewissen haben
Erste-Hilfe-Tipp: Schokolade, Joggen und Yoga

Steckbrief

Name: Heike
Alter: 54
Wann ich das elterliche Nest verlassen habe: mit 19
Aktuelle Nest-Mitbewohner: ein 56-Jähriger (Vollzeit) und ein 22-Jähriger (Teilzeit)
Lieblingsessen: Lachs – in allen Variationen. Und ansonsten fast alles, was meine Männer so kochen (es sei denn, es ist zu scharf).
Schlafmodus: Jeden Morgen nehme ich mir vor, am Abend früher ins Bett zu gehen, aber dann … Na ja, schieben wir's auf die Eule!
Meine Loslassen-Kompetenz: Ganz gut, finde ich. Mein Sohn findet das sehr witzig.
Erste-Hilfe-Tipp: Nicht auf den Text achten, wenn »Slipping Through My Fingers« von ABBA läuft.

Heike: Der Tag der schaukelnden Stehlampe oder warum Abschiede und Neuanfänge uns so bewegen

Vor einiger Zeit geisterte eine Meldung durch alle Medien: »Eltern werfen Sohn per Gerichtsbeschluss aus dem Haus«. Krasse Sache! Wie kann man nur so herzlos sein, fragte ich mich spontan. Doch dann las ich weiter: Bei dem Sohn handelte es sich um einen Dreißigjährigen, der einfach nicht ausziehen wollte. Und auch nicht arbeiten gehen.

Tja. Das wiederum stelle ich mir nicht besonders witzig vor. Für die Eltern. So ein Elefantenbaby zu Hause zu haben, das sich weigert, erwachsen zu werden, kann einen schon zum Äußersten treiben – wie dieses amerikanische Paar. Sie haben ihrem Sohnemann sogar über tausend Dollar Prämie angeboten, wenn er sich nur endlich eine neue Bleibe sucht. Doch der weigerte sich. Da blieb nur der Weg zum Gericht, und dort gab man den verzweifelten Eltern recht.

Mich hat dieser Fall ziemlich beschäftigt. Ich fragte mich, was da wohl schiefgelaufen ist, dass es so weit kam. Wurde der (nicht mehr ganz so) junge Mann als Kind überbehütet? Gestillt bis zur Einschulung? Oder was sonst muss geschehen, damit jemand dermaßen antriebsschwach wird?

Lieber voll und ganz abhängig zu bleiben, als sich selbst

etwas aufzubauen, das wäre mir nie in den Sinn gekommen! Ich war damals nach dem Abitur froh, dass es in der Nähe meines Heimatortes keine Hochschule gab, sodass Pendeln nicht infrage kam. Und wenn ich mir schon irgendwo eine Studentenbude suchte, musste die ja nicht zwangsläufig in der nächstgelegenen Unistadt sein, sondern lieber in einer, die ein bisschen weiter weg lag. Sodass es einfach zu teuer gewesen wäre, jedes Wochenende heimzufahren. Drei bis vier Mal im Jahr musste reichen. Sonst hätte ich nicht das Gefühl gehabt, wirklich auf eigenen Beinen zu stehen.

Ich erinnere mich noch gut an den Tag meines Auszugs. Was war ich aufgeregt! Meine Siebensachen lud ich in den Kleintransporter eines Freundes, es folgte eine eilige Umarmung, denn ich konnte die Abfahrt kaum erwarten, und dann fuhren wir fröhlich davon. Meine Eltern standen vorm Haus und winkten mir hinterher. Darüber, wie sie sich dabei wohl fühlten, dachte ich keine Sekunde nach.

Zu meiner Verteidigung: Mit neunzehn ist man wohl nicht besonders empathisch. Außerdem sind meine Eltern nicht übertrieben gefühlsduselig. Ich hatte meine Mutter noch nie weinen sehen, auch nicht bei sehr rührseligen oder extrem traurigen Anlässen, nicht mal vor Wut. Und nachdem ich ausgezogen war, blieben ja noch meine beiden Brüder übrig – es würde noch fast zehn Jahre dauern, bis das letzte Kinderzimmer in meinem Elternhaus verwaist war.

Beziehungsweise umgenutzt. Wenn ich mir bei meinen Besuchen zu Hause mein altes Zimmer so anschaute, schienen meine Erzeuger den Auszug ihrer Erstgeborenen wirklich prima verkraftet zu haben. Jedes Mal, wenn ich nach Hause kam, hatte sich dort etwas verändert. Zuerst war es die Nähmaschine meiner Mutter. Sie stand auf einmal dort, wo vorher meine Stehlampe ihren Platz gehabt hatte, und störte mich nicht weiter. Auch dass meine Poster so nach und nach verschwanden, fand ich völlig okay. Als Nächstes wurde das alte Jugendbett durch ein Schlafsofa ersetzt, das nicht so viel Platz brauchte und dem Zimmer eher den Charakter eines Hobbyraums gab.

Nun hat meine Mutter nicht nur ein Hobby, sondern viele. Unter anderem die Musik. Sie spielt Klavier und Gitarre, und damals begann sie Orgelunterricht zu nehmen. Natürlich musste sie auch regelmäßig üben. Und so eroberte schließlich auch noch eine elektronische Kirchenorgel das, was einmal mein kleines Reich gewesen war. Inzwischen heißt es schon seit vielen Jahren nicht mehr »Heikes Zimmer«, sondern »das Orgelzimmer«. Für mich war das kein Problem. Ich wohnte ja schließlich nicht mehr dort. Und es zeigte mir, wie hervorragend meine Eltern mit meinem Auszug zurechtgekommen sein mussten.

Erst später, als ich selbst Mutter wurde und – den kleinen, süßen Zwerg im Arm – darüber nachdachte, dass er uns eines Tages verlassen würde, um sein eigenes Leben zu führen, wurde ich nachdenklich. Sicher lag es an den mütterlichen Hormonen, dass mich bei dieser Vorstellung ein extrem verfrühter Abschiedsschmerz übermannte – dabei war der kleine Wurm gerade mal drei Wochen alt, also gefühlte Lichtjahre davon entfernt, einmal woanders als bei uns zu wohnen.

Heute scheint es mir Lichtjahre her zu sein, dass er ein winziger Säugling war. Wenn ich meinen erwachsenen Sohn betrachte, wird mir klar, dass ich froh sein kann, ihn überhaupt noch um mich zu haben. Als ich in seinem Alter war, hatte ich das Nest längst verlassen. Dass er weiterhin bei uns wohnt (zumindest, wenn er nicht gerade bei seiner Freundin übernachtet), verdanken wir rein praktischen Erwägungen. Erstens liegt sein Ausbildungsort gerade mal sieben Kilometer entfernt und zweitens investiert er sein spärliches Gehalt lieber in seinen fahrbaren Untersatz als in eine Wohnung – wo er doch hier bei uns fast ein richtiges Appartement mit eigenem Bad hat.

So weit wie bei dem amerikanischen Paar, das den dreißigjährigen Nichtsnutz aus dem Haus geklagt hat, wird es bei uns gewiss nicht kommen, da habe ich überhaupt keine Bedenken. Momentan leben wir hier in einer Art Erwachsenen-WG, aber es ist nur eine Frage der Zeit, bis mein Mann und ich als Paar übrig bleiben. Wie damals, bevor wir Eltern wurden – nur irgendwie ganz anders.

Als ich neulich mit meiner Mutter telefonierte, kamen wir zufällig auf dieses Thema. Sie hatte den Artikel über das amerikanische Paar auch gelesen. Ich gestand, dass mir schon davor graut, demnächst einem Möbelwagen hinterherwinken zu müssen. Und dann geschah etwas vollkommen Unerwartetes: Meine Mutter brach spontan in Tränen aus. Sie, die sonst niemals weint, war völlig überwältigt von der Erinnerung an jenen Augenblick, als ich vor ungefähr fünfunddreißig Jahren in diesen Kleintransporter stieg und davonbrauste. Eigentlich hatte sie sich damals vorgenommen, sich zusammenzureißen. Doch dann sah sie im Rückfenster des Wagens meine alte Stehlampe, und die schaukelte beim Losfahren hin und her. Das war die Sekunde, in der sie die Erkenntnis traf, dass ich tatsächlich weg war und nie wieder zu Hause wohnen würde, und sie verlor die Fassung. Damals – und jetzt wieder, allein beim Gedanken daran.

Du liebe Güte: Wenn das schon für meine sonst so beherrschte Mutter so ein herzzerreißender Moment war, wie wird das denn erst für mich alte Heulsuse werden?

Ich war sprachlos und verdrückte selbst ein paar Tränen. Aus Solidarität, aber auch aus Scham. Wie konnte ich mit neunzehn nur so herzlos sein?

Nun ja, das Schicksal weiß sich zu rächen. Indem mir in absehbarer Zukunft dasselbe bevorsteht. Bei meiner Freundin Steffi ist es schon so weit. Ihre Tochter wohnt nur noch offiziell zu Hause, tatsächlich verbringt sie die meiste Zeit bei ihrem Freund. Und Steffis Sohn hat – wie ich damals – eine Ausbildung an einem Ort angefangen, der zu weit weg ist, um täglich zu fahren.

Sie kommt nicht besonders gut damit klar. Irgendwie war sie noch gar nicht darauf vorbereitet – das Ganze kam zwar nicht unerwartet, aber dann doch zu plötzlich.

»Darüber müsstet ihr mal ein Buch schreiben«, sagte sie. »Über das Loslassen. Wie schwierig das ist. Und wie das Leben dann weitergeht.«

Lucinde und ich hatten gerade unser Manuskript von *Ich dachte, älter werden dauert länger* abgegeben und schon überlegt, welchem Thema wir uns als Nächstes widmen könnten. Steffis Vorschlag lieferte die Antwort auf dem Silbertablett. Sofort rief ich Lucinde an, und die war spontan begeistert. Schließlich steht ihr das Ganze gleich viermal bevor. Tatsächlich hatte sie zu diesem Thema sogar schon eine Ideensammlung in der Schublade. Außerdem: Wenn es eine logische Fortsetzung zum Thema Älterwerden gibt, dann doch diese!

Angeblich bin ich überhaupt nicht gut bin im Loslassen. Das behauptete nämlich mein Sohn, als ich meiner Familie von diesem neuen Buchprojekt erzählte.

Ich muss da energisch widersprechen! Dass es mir schwerfällt, heißt ja noch lange nicht, dass ich es boykottiere.

Im Gegenteil. Ich erinnere mich ja noch lebhaft daran, wie ich mich am Tag der schaukelnden Stehlampe gefühlt habe: hoffnungsvoll, furchtbar erwachsen und rundum happy. Ich freute mich wie verrückt darauf, selbstständig zu leben und tun zu können, was ich wollte.

Es ist das Recht und auch die Aufgabe der jungen Generation, eben keine Rücksicht auf die sentimentalen Gefühle ihrer Eltern zu nehmen. Schließlich haben wir sie ja in die Welt gesetzt, um darin zurechtzukommen – irgendwann auch ganz ohne uns.

Ja, Loslassen ist schmerzhaft. Aber es ist auch befreiend. Man hat nämlich die Hände wieder frei für andere Dinge. Zum Beispiel zum Winken.

Lucinde: Von Gummibärchen zu Wodka – Shopping mit Kindern

Unglaubliche Dinge trugen sich soeben im Supermarkt zu, und ich glaube, ich brauche erst einmal einen Schnaps, um das Erlebte zu verdauen. Oder vielleicht doch lieber einen Wodka? Dabei mag ich das Zeug überhaupt nicht. Wie es trotzdem den Weg in meinen Einkaufswagen und nun zu mir nach Hause fand? Nun, das kam so:

Alle Menschen, die Kinder haben, wissen ja schon sehr zeitig in ihrer Elternkarriere, dass man beim Einkaufen immer die breiten Kassen wählt. Am Anfang natürlich wegen der Kinderwagen, die da einfach besser durchpassen, logisch. Viel wichtiger aber wird die breite Kasse, sobald der Nachwuchs das Säuglingsalter hinter sich gelassen hat, selbst laufen und auch greifen kann. Sie fassen dann nämlich sofort nach allem, was auf ihrer Augenhöhe ist. Und das ist vor den Kassen in den engen Gängen so umsatzfreundlich wie zahn- und mütterunfreundlich arrangiert. Nämlich so, dass auch kurze Kinderarme entspannt rechts und links alles erreichen können. Schokoriegel. Kaugummis. Seifenblasen. Noch mehr Schokoriegel. Gummibären. Das volle Programm. Alles in kleinen Einheiten, sodass man nur so halb ein schlechtes Gewissen wegen der Zuckermenge haben muss, wenn man nachgibt. Und das passiert oft, denn niemals wird man mit einem Kleinkind an der Kasse stehen können, ohne versucht zu sein, noch schnell etwas von den Zahngräbern zu kaufen, schon allein, weil die lieben Kleinen dann nicht so herzzerreißend schluchzen. Die Süßigkeitenindustrie ist ja nicht doof und Mutterherzen sind weich. Hätte die Kosmetikindustrie mitgedacht, gäbe es in greifbarer Mutterhöhe Einweg-Deodorants oder wahlweise Ohrstöpsel. Kommt bestimmt alles demnächst.

Jedenfalls habe ich den Haribo-, Mars- und Überraschungseier-Produzenten bestimmt Millionen Euro in die gierigen Rachen geworfen, weil mir die empörten Blicke der Omas hinter mir deutlich bewusst waren, wenn Kind eins, zwei, drei, vier oder alle gemeinsam lautstark »Mama, krieg ich ein Twiiiiihiiiiiix« grölten. Bitte, ich weiß, dass ein Apfelschnitz natürlich besser ist als Schokolade und wesentlich gesünder.

Für meine Kinder. Aber ich muss ja auch an meine Nerven denken. An meine Gesundheit und überhaupt: »Kind drei – pack für Mama auch ein Twix aufs Band!«

Bis meine Kinder größer waren, sah ich bestimmt tausendmal, wie irgendeine alte Dame den perfekt ondulierten, weiß-bläulichen, dank »Drei Wetter Taft« für die Ewigkeit fixierten Schopf schüttelte. Begleitet von einem pikierten *Tsss* und Sätzen wie »Zu meiner Zeit hätte es das nicht gegeben« oder »Muss man auch so viele Kinder in die Welt setzen? Haben die keinen Fernseher?«.

Doch, haben wir. Und ich liebe meine Kinder. Ich finde auch, dass sie durchaus gut gelungen sind.

Aber ehrlich gesagt bin ich nicht unglücklich darüber, dass das lautstarke Einfordern der sogenannten Quengelware vorbei ist. Eines Tages war es einfach weg. Es hat mir nicht gefehlt.

Gut, ich nehme die Kinder auch kaum noch mit zum Einkaufen, schließlich haben sie Wichtigeres zu tun. Chillen beispielsweise, Serien schauen, Sprachnachrichten aufnehmen, Instagram und Snapchat bestücken, manchmal publikumswirksam für die Schule lernen und dann unbedingt wieder chillen, weil alles so anstrengend ist.

Heute saß meine achtzehnjährige Tochter Lilli aber trotzdem im Auto, nachdem ich sie vom Fitnessstudio abgeholt hatte, weil man zum Sport auf gar keinen Fall LAUFEN oder BUS FAHREN kann, alles viel zu anstrengend. Jedenfalls saß sie im Auto, als mir einfiel, dass ich noch ein paar Dinge einkaufen muss. Ich hätte schon stutzig werden sollen, als Lilli freiwillig mit in den Laden ging und schon vorher nach einem Euro für den Wagen fragte. Kaum waren wir im Supermarkt, war sie auch schon verschwunden.

Ich traf sie am Kühlregal wieder. In ihrem Wagen: Äpfel, Salat, eine Gurke, Heidelbeeren, Trockenaprikosen. »Weißt du, Mami«, sagte sie mit einem zauberhaften Augenaufschlag, »ich achte ja schon auf gesunde Ernährung. Vor allem nach dem Sport, also, Zucker und so, das schadet mir ja nur. Und die Pickel, nee, die brauch ich auch nicht.«

Hach, mein Kind. Vorbei die hochkalorischen Snickers-Zeiten. Einkaufen kann richtig Spaß machen! Scheint, als hätte ich doch das eine oder andere richtig gemacht, dachte ich stolz. Bye-bye schlechtes Gewissen, bye-bye Zahngräber und strenge Omablicke an der Kasse.

»Und, Mami?« Augenaufschlag Nummer zwei. »Darf ich mir auch noch was zu trinken mitnehmen?«

Natürlich durfte sie das. Das Kind hatte bestimmt Durst. Eine Apfelschorle konnte sie sich nach dem Sport schon gönnen. Und selbst wenn es eine Cola war, meine Güte …

Während sie also in die Getränkeabteilung zurückkehrte, ging ich schon mal an die Kasse und begann, die Dinge aufs Band zu legen, die sie ausgesucht hatte. Beruhigend fand ich, dass unter der Mandelmilch und der vorgegarten Roten Bete (was hatte sie nur damit vor?) eine große Tüte Gummibären zum Vorschein kam. Immerhin war sie achtzehn und ein Mensch.

Dass das so ist, merkte ich spätestens, als sie sich zu mir nach vorne durchkämpfte, die obligatorische Dame mit weiß-blauer Betonfrisur hinter mir freundlich lächelnd überholte und die Getränke aufs Band legte, die sie sich ausgesucht hatte: eine 1,5-Liter-Flasche eines Energydrinks und 0,75 Liter Wodka.

Meine Schnappatmung kommentierte sie mit Augenaufschlag Nummer drei und einem süßen: »Mama, nichts sagen, die Frau hinter dir schaut schon so komisch!«

Und ich? Nachdem es noch immer kein Deo auf Mutterhöhe gab, beschloss ich zu lachen.

Es ist also so weit: Die Kinder werden groß. Das ist keine Überraschung. Sie kaufen lieber Wodka als Überraschungseier. Sie gehen aus, sie schlafen lang und wollen immer weniger von uns wissen. Die Zeiten, in denen wir uns danach gesehnt haben, endlich einmal wieder etwas alleine oder einfach nur in Ruhe tun zu können (Einkaufen zum Beispiel), liegen hinter uns, ebenso wie die Sehnsucht danach auszuschlafen. Seitdem das möglich ist, bin ich auch am Wochenende immer schon um acht wach und wünschte, die Kinder würden EINMAL auch vor Mittag aus ihren Zimmern kommen, damit wir gemeinsam frühstücken oder sogar was zusammen unternehmen können. Das wollen sie aber auf gar keinen Fall, vor allem nicht, wenn es Aktivitäten wie zu Fuß gehen, etwas anschauen oder miteinander kommunizieren beinhaltet.

Plötzlich werde ich ganz sentimental, wenn ich die eingestaubte *Mensch ärgere dich nicht*-Schachtel in den Händen halte, und es steigen Tränen der Rührung in mir auf, wenn doch eines der Kinder mal UNO mit mir spielen will.

Wanderwochenenden sind jetzt wieder drin, aber natürlich nur ohne die Kinder, die man nicht mehr Kinder nennen darf, und vor lauter Möglichkeiten weiß ich gar nicht mehr, ob ich das alles wirklich will. Die große Freiheit, nicht mehr zuständig zu sein, ist einerseits ausgebrochen, andererseits werden wir doch ständig gebraucht, angerufen, gefragt, um Hilfe gebeten. Wenn sie uns brauchen, dann aber bitte sofort.

Das ist gleichzeitig verwirrend und manchmal auch wieder schön. So viele Jahre habe ich darum gekämpft, nicht nur Mama zu sein. Und seit dem denkwürdigen Tag, an dem mein Sohn mich verwundert fragte, ob ich denn tatsächlich einen Vornamen hätte, wollte ich auch meinen Namen zurück. Ich sehnte mich danach, unabhängig und einfach nur ich zu sein. Das geht – auch mit einem Herz voll Mutterliebe.

Das bin ich jetzt. Das hab ich jetzt. Aber irgendwie ist es nicht immer die große Befreiung. Manchmal tut es auch ganz schön weh. Und außerdem ging es wahnsinnig schnell. Ich war vielleicht noch gar nicht so weit. Jedenfalls bin ich ganz der Meinung des deutschen Theologen Detlev Fleischhammel: »Es ist doch erstaunlich, dass Loslassen deutlich weniger Kraft kostet als Festhalten. Und dennoch ist es schwerer«, sagt er. Ich befürchte, er hat recht.

Aber man kann es üben. Beim Loslassen geht es ja nicht nur um die flügge werdenden Kinder, sondern auch um die Vorstellungen von deren Leben und dem, was wir aus unserem dann so machen. Um unsere Eltern, die immer älter werden, und dass sich unsere Rolle im Umgang mit ihnen verändert.

Ich habe ernsthaft gedacht, das Leben würde ruhiger werden, entspannter, wenn die Kinder größer sind. Selten so gelacht. Wie man sich nur so irren kann!

Darauf einen kleinen Wodka. Oder auch zwei. Auf die Jugend, die Kinder und die Freiheit! Auf den neuen Lebensabschnitt, der vor uns liegt, und alle Abenteuer dazwischen.

Wir schaffen das schon, oder?